第1回 本試験型テスト

制限時間 120分

解答と解説 → P.5

	危険物に関する法令		基礎的な物理学と化学		危険物…	
1回目	/15問	2回目	/15問	1回目	/10問	2回目	/10問	1回目	/10問	2回目	/10問

危険物に関する法令

問題1 消防法に定める危険物の説明として、次のうち正しいものはどれか。
(1) 危険物とは、主として火薬類取締法に定める火薬類と同じである。
(2) 危険物は、第1類から第5類まで5種類に分類されている。
(3) 危険物とは、消防法別表の品名欄に掲げる物品で、同表に定める区分に応じ、同表の性質欄に掲げる性状を有するものをいう。
(4) 消防法別表では、種類、性質、品名、品目をすべて区分している。
(5) 消防法別表では、指定数量についても定めている。

問題2 次のうち、消防法に定める危険物に該当するものはいくつあるか。
ナトリウム、炭酸水素ナトリウム、炭酸水素カリウム、カリウム、アルキルアルミニウム、ブロモトリフルオロメタン、硝酸塩類、リン酸塩類
(1) 2つ　(2) 3つ　(3) 4つ　(4) 5つ　(5) 6つ

問題3 屋内貯蔵所において、引火性液体Xを4,000L貯蔵している。Xは非水溶性で、1気圧において発火点が480℃、引火点が4℃である。Xの指定数量の倍数として、次のうち正しいものはどれか。
(1) 2.0　(2) 4.0　(3) 7.0　(4) 10.0　(5) 20.0

問題4 次のうち、定期点検を義務付けられていない製造所等はいくつあるか。
屋内タンク貯蔵所、移動タンク貯蔵所、簡易タンク貯蔵所、地下タンクを有する製造所
地下タンクを有する給油取扱所、第2種販売取扱所
(1) 1つ　(2) 2つ　(3) 3つ　(4) 4つ　(5) 5つ

問題5 製造所等の譲渡または引渡しを受けた場合の手続きとして、次のうち正しいものはどれか。
(1) 遅滞なくその旨を市町村長等に届け出なければならない。
(2) 新たに市町村長等の許可を受けなければならない。
(3) 市町村長等の承認を受けなければならない。
(4) 所轄消防長または消防署長の承認を受けなければならない。
(5) 当該区域を管轄する都道府県知事の承認を受けなければならない。

問題6 製造所等の中には、特定の建築物等との間に保安距離を保たなければならないものがある。その建築物等と保安距離との組み合わせとして、誤っているものはどれか。
(1) 住　宅……10m以上　(2) 中学校……20m以上　(3) 高圧ガス施設……20m以上
(4) 病　院……30m以上　(5) 重要文化財……50m以上

問題7 屋外タンク貯蔵所の保安距離について、下記のa〜fの説明が正しいものはどれか。
(1) aは10m以上、fは30m以上確保すること。
(2) aは10m以上、dは30m以上確保すること。
(3) cは10m以上、dは30m以上確保すること。
(4) bは10m以上、eは30m以上確保すること。
(5) cは10m以上、fは30m以上確保すること。

問題8 次のうち、ガソリンを貯蔵することができない貯蔵所はどれか。
(1) 屋外タンク貯蔵所　(2) 屋外貯蔵所　(3) 屋内タンク貯蔵所
(4) 地下タンク貯蔵所　(5) 屋内貯蔵所

問題9 第1種販売取扱所の基準について、誤っているものはどれか。
(1) 建築物の店舗部分は、壁を耐火構造とする。
(2) 店舗部分のはりは、不燃材料で造る。
(3) 店舗部分に上階がない場合は、屋根を耐火構造とするか、または不燃材料で造る。
(4) 店舗の窓及び出入り口には、防火設備を設ける。
(5) 危険物の配合室には、床面積の制限その他一定の構造及び設備の基準がある。

問題10 次のうち、屋外貯蔵所で貯蔵できる危険物はいくつあるか。
硫黄、引火性固体（引火点21℃未満のもの）、ガソリン、メチルアルコール、灯油、重油、ギヤー油、あまに油
(1) 3つ　(2) 4つ　(3) 5つ
(4) 6つ　(5) 7つ

1

第1回 本試験型テスト

問題11 給油取扱所における固定給油設備の基準として、誤っているものはどれか。
(1) 敷地境界線から2m以上の間隔を保つこと。
(2) 建築物の壁に開口部がある場合、当該壁から2m以上の間隔を保つこと。
(3) 懸垂式の固定給油設備は、道路境界線から4m以上の間隔を保つこと。
(4) 懸垂式以外の固定給油設備は、道路境界線から4m以下の間隔を保つこと。
(5) 懸垂式以外の固定給油設備は、最大給油ホース全長に応じ、道路境界線から4～6m以上の間隔を保つこと。

問題12 消防本部および消防署が置かれている市町村の区域に給油取扱所を設置する場合の手続きとして、次のうち正しいものはどれか。
(1) その区域を管轄する消防署長に届け出る。
(2) その区域を管轄する市町村長に届け出る。
(3) その区域を管轄する消防署長の許可を受ける。
(4) その区域を管轄する市町村長の許可を受ける。
(5) その区域を管轄する都道府県知事の許可を受ける。

問題13 消防法上の申請と届出について、誤っている組み合わせはどれか。
(1) 製造所等の用途を廃止したとき……………承認申請
(2) 予防規程を定めたとき………………………認可申請
(3) 危険物保安監督者を解任したとき…………届　出
(4) 位置・構造・設備を変更するとき…………変更許可申請
(5) 譲渡または引渡しがあったとき……………届　出

問題14 消防法違反とこれに対する命令の組み合わせで、次のうち誤っているものはどれか。
(1) 製造所等を完成検査を受けないで使用した……許可の取消しまたは製造所等の使用停止命令。
(2) 製造所等で危険物の貯蔵・取扱いの基準に違反した……危険物の貯蔵・取扱い基準の遵守命令。
(3) 危険物の貯蔵・取扱い基準の遵守命令に違反した……予防規程の変更命令。
(4) 製造所等が位置・構造・設備の基準に適合しない……製造所等の修理・改造・移転命令。
(5) 公共の安全の維持または災害の発生の防止のため、緊急の必要性があるとき……製造所等の一時使用停止または使用制限命令。

問題15 消火設備について、次のうち誤っているものはどれか。
(1) 消火粉末を放射する小型消火器および水バケツは、第5種消火設備である。
(2) 二酸化炭素消火設備および二酸化炭素を放射する大型消火器は、いずれも第3種消火設備である。
(3) 地下タンク貯蔵所には、第5種消火設備を2個以上設けなければならない。
(4) 電気設備に対する消火設備は、電気設備のある場所の面積100m²ごとに1個以上設けなければならない。
(5) 所要単位の計算方法として、危険物は指定数量の10倍を1所要単位とする。

基礎的な物理学及び基礎的な化学

問題16 物質の三態についての説明で、次のうち誤っているものはどれか。
(1) 固体と液体と気体の3つの状態を、物質の三態と呼んでいる。
(2) 液化とは、固体が液体になることで、氷解ともいう。
(3) 固体が液体に変化することを融解という。
(4) 液体が気体に変化することを気化という。
(5) ナフタリンが蒸気になるように、昇華というのは、固体から気体に直接変化することをいう。

問題17 物理変化および化学変化について、次のうち誤っているものはどれか。
(1) 一酸化炭素が酸化されて炭酸ガスを発生した。これは物理変化である。
(2) 炭素が酸素と化合して炭酸ガスを発生した。これは化学変化である。
(3) 炭酸水素ナトリウムが熱で分解して炭酸ガスを発生した。これは化学変化である。
(4) 炭酸カルシウムが塩酸で分解して炭酸ガスを発生した。これは化学変化である。
(5) ドライアイスが昇華して炭酸ガスを発生した。これは物理変化である。

問題18 用語の説明について、次のうち誤っているものはどれか。
(1) 単体とは………1種類の元素からできている物質をいう。
(2) 化合物とは……化学的方法によって2種類以上の物質に分解でき、また、化合によってできるものをいう。
(3) 混合物とは……各々の物質が互いに化学結合せずに混ざりあったものをいう。
(4) 同素体とは……同じ元素からできていて性質が異なる2種類以上の単体をいう。
(5) 異性体とは……分子式と分子内の構造が同じで、性質が異なる物質をいう。

第1回 本試験型テスト

問題19 次の文章の（　）内のA～Cに該当する語句の組み合わせとして、正しいものはどれか。

「液体の蒸気圧は、温度の上昇とともに（ A ）する。その圧力が大気の圧力に等しくなるときの（ B ）が沸点である。したがって、大気の（ C ）が低いと沸点も低くなる。」

	A	B	C
(1)	減少	温度	圧力
(2)	減少	圧力	温度
(3)	増大	温度	圧力
(4)	増大	湿度	温度
(5)	減少	圧力	湿度

問題20 10℃のとき5,000Lのガソリンが、30℃になると約何L増えるか。ただし、ガソリンの体膨張は0.00135とする。

(1) 135L　　(2) 235L　　(3) 270L
(4) 405L　　(5) 540L

問題21 酸化についての説明として、正しいものはどれか。

(1) 物質が水に溶けて酸性溶液になること。
(2) 物質が酸素と化合すること。
(3) 物質が分解して酸素を発生すること。
(4) 物質が水素と化合すること。
(5) 水を酸素と水素に分解すること。

問題22 ある引火性液体の燃焼範囲が3～37％（容量）とすると、次のうち正しいものはどれか。

(1) 液体の蒸気3Lと空気97Lの混合気体は燃焼する。
(2) 液体の蒸気50Lと空気50Lの混合気体は燃焼する。
(3) 液体の蒸気10Lと空気90Lの混合気体は燃焼しない。
(4) 液体の蒸気98Lと空気2Lの混合気体は燃焼する。
(5) 液体の蒸気21Lと空気79Lの混合気体は燃焼しない。

問題23 次のうち、消火剤として使用されないものはどれか。

(1) 二臭化四フッ化エタン
(2) 一酸化炭素
(3) 二酸化炭素
(4) リン酸アンモニウム
(5) 硫酸アルミニウム

問題24 可燃性液体の燃焼の仕方として、次のうち正しいものはどれか。

(1) 液体が熱によって分解し、その際発生する可燃性ガスが燃焼する。
(2) 液体の表面から発生する蒸気が空気と混合して燃焼する。
(3) 可燃性液体そのものが燃焼する。
(4) 可燃性液体は、発火点以上にならないと燃焼しない。
(5) 可燃性液体は、酸素がなくても燃焼する。

問題25 消火剤について、次のうち誤っているものはどれか。

(1) 一塩化一臭化二フッ化メタン消火剤は、化学的負触媒作用による消火効果が大きい。
(2) 水は気化熱と比熱がともに大きいため、冷却効果が大きい。
(3) リン酸塩類を主成分とする消火粉末は、油火災および電気火災に適応するが、普通火災には適応しない。
(4) 二酸化炭素は、空気より重いので窒息効果が大きく、第4類の危険物の火災に効果的な消火剤である。
(5) 強化液は炭酸カリウム等の水溶液であるが、これを霧状にして放射する場合は、電気火災にも適応する。

危険物の性質並びにその火災予防及び消火の方法

問題26 危険物の類ごとの性状について、誤っているものはどれか。

(1) 第1類の危険物は、酸化性の固体である。
(2) 第2類の危険物は、可燃性の固体である。
(3) 第3類の危険物は、禁水性の固体のみである。
(4) 第5類の危険物は、自己反応性の固体または液体である。
(5) 第6類の危険物は、酸化性の液体である。

第1回 本試験型テスト

問題27 第4類危険物の消火方法として、適当でないものはどれか。
(1) ガソリンの火災に、粉末消火剤を使用する。
(2) 軽油の火災に、泡消火剤を使用する。
(3) 重油の火災に、棒状の強化液消火剤を使用する。
(4) 動植物油類の火災に、二酸化炭素消火剤を使用する。
(5) 潤滑油の火災に、ハロゲン化物消火剤を使用する。

問題28 第4類の危険物の貯蔵または取扱い上の一般的な注意事項として、次のうち正しいものはどれか。
(1) 配管で送油するときは、静電気の発生を抑えるためなるべく流速を下げる。
(2) 容器に詰め替えるときは蒸気が多量に発生するので、床にくぼみを作るなど蒸気の拡散防止を図る。
(3) 容器は、ふたを外し密閉された部屋で保管する。
(4) 発生する蒸気はいずれも空気より軽く高所に滞留するので、天井近くに換気口を設ける。
(5) 蒸気の発生を防止するため、空間を残さないように容器に詰めて密栓する。

問題29 次に示す第4類危険物の性質のうち、A～Cのすべてに該当するものはどれか。
　A 水によく溶ける　　B 引火点は0℃以下　　C 比重は1以下
(1) エチルアルコール
(2) 二硫化炭素
(3) アセトン
(4) トルエン
(5) ベンゼン

問題30 次の危険物のうち、引火点が0℃以下のもののみの組み合わせはどれか。
　A トルエン　　B ジエチルエーテル　　C ピリジン　　D 酢酸　　E ガソリン
　F エチルアルコール　　G ニトロベンゼン　　H アセトン
(1) A、C、G
(2) A、D、F
(3) B、E、G
(4) B、E、H
(5) B、C、G

問題31 ジエチルエーテルの性質について、次のうち正しいものはどれか。
(1) 蒸気は麻酔性があり、水よりやや重い。
(2) 無色透明の液体で無味無臭である。
(3) 直射日光に長時間さらしたり、空気と長く接触したりすると過酸化物を生じ、危険性が増大する。
(4) 引火点はガソリンより低く、燃焼範囲はガソリンよりやや狭い。
(5) 沸点が極めて低く、揮発性は小さい。

問題32 比重が1以上のもののみを掲げた危険物の組み合わせは、次のうちどれか。
(1) ガソリン、氷酢酸、重油
(2) ガソリン、重油、二硫化炭素
(3) 氷酢酸、メチルエチルケトン、灯油
(4) ニトロベンゼン、氷酢酸、二硫化炭素
(5) ニトロベンゼン、灯油、ベンゼン、二硫化炭素

問題33 次の危険物のうち、引火点が常温（20℃）以上のものはいくつあるか。
　アセトン、エチルアルコール、軽油、重油、ベンゼン、アニリン、氷酢酸、トルエン
(1) 3つ　　(2) 4つ　　(3) 5つ　　(4) 6つ　　(5) 7つ

問題34 アルコール類についての説明で、次のうち誤っているものはどれか。
(1) 点火すると黒煙をあげて燃焼する。
(2) 蒸気を発生しやすいが、引火点が常温（20℃）以上のものがある。
(3) メチルアルコールのように毒性の強いものもある。
(4) 分子量が大きくなるに従って、蒸気比重が大きくなる。
(5) 酒類の主成分は、エチルアルコールである。

問題35 エチルアルコールについて、次のうち誤っているものはどれか。
(1) 比重は1より小さい。
(2) 蒸気は、空気より重い。
(3) 燃焼範囲は、おおむね3.3～19%（容量）である。
(4) 発火点は、300℃以上である。
(5) 引火点は、灯油とほとんど同じである。

第1回 本試験型テスト 解答と解説

問題1 (3) (1)同じではない。(2)第1～第6類までの6種類。(4)品目は区分していない。(5)指定数量は危政令別表。

問題2 (3) ナトリウム(第3類)、カリウム(第3類)、アルキルアルミニウム(第3類)、硝酸塩類(第1類)の4つ。

問題3 (5) 引火性液体であり、非水溶性、1気圧において発火点が480℃、引火点が4℃という条件にかなうのは、第4類危険物・第1石油類の非水溶性液体である。指定数量は200Lであるから、4,000L貯蔵している場合の倍数は20.0となる。

問題4 (3) 屋内タンク貯蔵所、簡易タンク貯蔵所、販売取扱所については、定期点検を義務付けられていない。

問題5 (1) (2)新たに許可を受ける必要はない。(3)承認→届出。(4)所轄消防長または消防署長→市町村長等、承認→届出。(5)都道府県知事→市町村長等、承認→届出。

問題6 (2) 20m以上→30m以上。学校、病院、福祉施設、劇場などからは、30m以上の保安距離が必要。

問題7 (3) a、b、e、fの距離に規定はない。保安距離とは、保安対象物から製造所の外壁またはこれに相当する工作物の外壁までの間について定める距離である。

問題8 (2) 屋外貯蔵所は第1石油類のうち引火点0℃未満の危険物は貯蔵できない(ガソリンの引火点は－40℃以下)。アセトン、ベンゼンなども引火点が0℃未満なので貯蔵できない。

問題9 (1) 耐火構造→準耐火構造。

問題10 (4) 引火性固体で貯蔵できるのは、引火点が0℃以上のもの(ただし、特例で引火点が21℃未満の引火性固体は危険物を適温に保つための散水設備等の設置等の条件が整えば貯蔵は可能。本文は条件が示されていないので不可)。ガソリンは引火点が－40℃以下なので不可。それ以外は貯蔵可能なので、答えは「6つ」。

問題11 (4) 懸垂式以外の固定給油設備は、給油ホースの長さによって道路境界線からの間隔が定められている。

問題12 (4) (1)消防署長→市町村長、届け出る→許可を受ける。(2)届け出る→許可を受ける。(3)消防署長→市町村長。(5)都道府県知事→市町村長。◆消防本部および消防署の置かれていない市町村の区域の場合は、市町村長ではなく都道府県知事の許可を受ける。なお、「許可」と「届出」の違いにも注意。製造所等の設置・変更という重大要件の場合、届出だけでは不可である。

問題13 (1) 承認申請→届出。

問題14 (3) 危険物の貯蔵・取扱い基準の遵守命令に違反したときに受ける命令は「使用停止命令」である。

問題15 (2) 二酸化炭素を放射する大型消火器は、第4種消火設備。◆(2)のうち、二酸化炭素消火設備は第3種消火設備である。

問題16 (2) 氷解→融解。

問題17 (1) 物理変化は、物質そのものの本質は変化せず、形や体積だけが変化すること。化学変化は、物質が本来の性質を失い、性質の異なる物質に変化すること。

問題18 (5) 分子式が同じでも、分子内の構造が異なるために性質が異なる物質をいう。

問題19 (3) 1気圧のもとでの、水の温度と蒸気圧(mmHg)の関係をみると、0℃……4.580mmHg 50℃……92.492mmHg 100℃……760mmHgと、温度の上昇に従って蒸気圧も増加している。蒸気圧が大気の1気圧(760mmHg)に達したときの水温、すなわち100℃が水の沸点である。

問題20 (1) V＝求めるガソリンの体積、V_0＝元の体積、β＝体膨張率、t＝温度差とし、$V = V_0 × (βt)$の式で計算。$V = 5,000L × (0.00135 × 20) = 135L$。

問題21 (2) 物質が酸素と化合することを酸化といい、物が燃えたり金属がさびたりするのは酸化のためである。反対に、酸素を失うことを還元という。別の言い方をすると、次のようになる。①酸化……物質が酸素と化合/物質が水素を失う/物質が電子を放出。②還元……酸化と正反対の反応。

問題22 (1) 問題の燃焼範囲3～37％とは、可燃性蒸気の容積が3～37％、空気の容積が63～97％。混合気体の容積は100％のまま一定であるということ。

問題23 (2) 一酸化炭素は消火剤として使用されない。

問題24 (2) 可燃性液体の燃焼形式は「蒸発燃焼」。

問題25 (3) 油火災、電気火災、普通火災のいずれにも適応する。

問題26 (3) 第3類危険物は「自然発火性物質及び禁水性物質」で、その「物質」は法別表備考で「液体または固体」と規定されている。

問題27 (3) 重油の火災に適するのは、泡・粉末・二酸化炭素などの消火剤。

問題28 (1) (2)蒸気の滞留をまねくので、床にくぼみなどは作らない。(3)容器は密栓が原則。(4)蒸気は空気より重く、低所に滞留する。(5)空間を残して密栓。

問題29 (3) 解き方のポイント→Bの、引火点0℃以下という条件から(1)はまず除外できる。また、二硫化炭素は第4類の中で数少ない比重1以上の物品であるから、(2)の除外も容易。たとえ(4)の引火点が判断できなくても、(3)、(4)、(5)をAの条件に照らしてみれば、(3)だけが水溶性であることは判断しやすい。

問題30 (4) Aのトルエンは4℃、Cのピリジンは20℃、Dの酢酸は39℃、Fのエチルアルコールは13℃、Gのニトロベンゼンは88℃。

問題31 (3) (1)比重は0.71で、水より軽い。(2)刺激臭がある。(4)燃焼範囲はガソリンより広い。(5)揮発性は大きい。

問題32 (4) 第4類危険物の多くは水より軽い物品だが、例外的に比重1以上のものがある。二硫化炭素1.26、氷酢酸1.05、クレオソート油1.0以上、ニトロベンゼン1.2、グリセリン1.26、クロロベンゼン1.11、アニリン1.01など。

問題33 (2) 第4類の品名は、引火点の低いものの順に列記されている点に着目する。ベンゼン－11.1℃、トルエン4℃、アセトン－20℃、エチルアルコール13℃、軽油45℃以上、酢酸39℃、重油60～150℃、アニリン70℃。

問題34 (1) アルコールの燃焼は、炎が見えないほど淡く、燃焼体もクリーンである。このため自動車燃料としても利用され始めている。

問題35 (5) 引火点は灯油40℃以上、エチルアルコール13℃。

第2回 本試験型テスト

制限時間 120分　合格ライン 各分野60％以上の正解

解答と解説 →P.10

危険物に関する法令	基礎的な物理学と化学	危険物の性質と火災予防・消火方法
1回目 /15問　2回目 /15問	1回目 /10問　2回目 /10問	1回目 /10問　2回目 /10問

危険物に関する法令

問題1 消防法に定められている各種届出について、次のうち誤っているものはどれか。
(1) 危険物施設の譲渡または引渡しの届出は、許可を受けた者の地位を継承した者が遅滞なく届け出なければならない。
(2) 危険物施設の廃止の届出は、製造所等の用途を廃止する日の10日前までに届け出なければならない。
(3) 危険物の品名、数量または指定数量の倍数の変更届出は、変更する日の10日前までに届け出なければならない。
(4) 危険物保安統括管理者を解任したときは、遅滞なくその旨を届け出なければならない。
(5) 危険物施設の廃止の届出義務を怠った者には、罰則規定が適用される。

問題2 次のうち、消防法に定める危険物に該当しないものはどれか。
(1) 過酸化水素　(2) 硫黄　(3) 硝酸
(4) ナトリウム　(5) 液化プロパン

問題3 消防法別表に示されている危険物の性質と品名の組み合わせとして、次のうち誤っているものはどれか。
(1) 酸化性固体……塩素酸塩類
(2) 可燃性固体……硫黄
(3) 自然発火性物質および禁水性物質……ナトリウム
(4) 引火性液体……アルキルアルミニウム
(5) 自己反応性物質……硝酸エステル類

問題4 危険物取扱者が免状返納命令の対象となるのは、次のうちどれか。
(1) 免状の交付を受けてから2年以上の間、危険物の取扱作業に従事しなかったとき。
(2) 免状を汚損または破損したとき。
(3) 危険物を取り扱う際に、政令で定める技術上の基準に違反したとき。
(4) 身体が不自由になり、危険物の取扱作業をすることが不可能になったとき。
(5) 乙種危険物取扱者が、危険物保安監督者に任命されることを拒んだとき。

問題5 危険物保安監督者の業務について、次のうち誤っているものはどれか。
(1) 危険物の取扱作業について、必要な指示を与える。
(2) 危険物施設保安員に対し、必要な指示を与える。
(3) 予防規程を作成し、市町村長等の認可を受ける。
(4) 災害発生時に応急の措置を講じ、直ちに消防機関等に連絡する。
(5) 災害の防止に関して、隣接する製造所等の関係者と連絡をとりあう。

問題6 危険物保安監督者を選任しなくてもよい製造所等は、次のうちどれか。
(1) 第1類危険物を貯蔵し、または取り扱う屋内貯蔵所。
(2) 引火点が40℃未満の第4類危険物を取り扱う第2種販売取扱所。
(3) 引火点が40℃未満の第4類危険物を貯蔵し、または取り扱う屋内タンク貯蔵所。
(4) 引火点が40℃未満の第4類危険物を、指定数量の30倍以下で貯蔵し、または取り扱う屋内貯蔵所。
(5) 引火点が40℃未満の第4類危険物を、指定数量の30倍以下で貯蔵し、または取り扱う屋外貯蔵所。

問題7 製造所の基準について、誤っているものはどれか。
(1) 地階を設けないこと。
(2) 床面積は、原則として1,000m²以下とすること。
(3) 学校・病院から30m以上の保安距離を保つこと。
(4) 建築物・工作物の周囲には、定められた幅の保有空地を確保すること。
(5) 指定数量の倍数が10以上の製造所には、避雷設備を設けること。

問題8 製造所等における保安検査について、次のうち誤っているものはどれか。
(1) 保安検査は、屋外タンク貯蔵所・移送取扱所のうち一定基準以上の規模の施設を対象に行われる。
(2) 保安検査には、定期保安検査と臨時保安検査がある。
(3) 保安検査を行う時期は、検査の対象となる施設の種類により異なる。
(4) 保安検査は、その対象となる施設の構造および設備に関する事項で政令で定めるものが、消防法第10条第4項の技術上の基準に従って維持されているかどうかについて行われる。
(5) 保安検査を行うのは、その対象となる施設の所有者・管理者または占有者である。

第2回 本試験型テスト

問題9 屋外貯蔵所で貯蔵することができる危険物の組み合わせとして、次のうち正しいものはどれか。
(1) 硫黄、エチルアルコール、灯油、アセトン
(2) 硫黄、灯油、軽油、シリンダー油
(3) 硫黄、ベンゼン、灯油、重油
(4) ジエチルエーテル、ガソリン、軽油、ギヤー油
(5) 硫化リン、軽油、クレオソート油、なたね油

問題10 第4類危険物の第4石油類のみを貯蔵する屋内タンク貯蔵所について、誤っているものはどれか。
(1) 屋内貯蔵タンクのタンク専用室は、平屋建て以外の建築物に設けないこと。
(2) 屋内貯蔵タンクとタンク専用室の壁との間は、0.5m以上の間隔を保つこと。
(3) 屋内貯蔵タンクの容量は、指定数量の40倍以下とすること。
(4) 屋内貯蔵タンクには、危険物の量を自動的に表示する装置を設けること。
(5) タンク専用室の床は、危険物が浸透しない構造にするとともに、傾斜をつけ、ためますを設けること。

問題11 製造所等の中には、特定の建築物との間に保安距離を保たなければならないものがある。その建築物等と保安距離との組み合わせとして、次のうち誤っているものはどれか。
(1) 小学校……………………30m以上
(2) 高圧ガスの施設……………20m以上
(3) 有料老人ホーム……………30m以上
(4) 史跡…………………………40m以上
(5) 映画館………………………30m以上

問題12 ガソリン20,000L、ベンゼン3,000Lを貯蔵する屋内貯蔵所の構造の技術上の基準として、誤っているものはどれか。
(1) 貯蔵倉庫は、軒高6m未満の平屋建てにすること。
(2) 床は、地盤面以上とすること。
(3) 壁・柱・床を耐火構造とすること。
(4) はりを不燃材料で造ること。
(5) 屋根は不燃材料で造り、かつ、天井を設けること。

問題13 危険物を運搬する場合、運搬容器の外部に行う表示の項目として、定められていないものは次のうちどれか。
(1) 危険物の数量
(2) 第4類の危険物のうち、水溶性の性状を有するものにあっては「水溶性」
(3) 収納する危険物に応じた注意事項
(4) 収納する危険物に応じた消火方法
(5) 危険物の品名、危険等級および化学名

問題14 次の給油取扱所の説明について、誤っているものはどれか。
(1) 給油等のために給油取扱所に出入りする者を対象とした飲食店を設置することはできない。
(2) 給油等のために給油取扱所に出入りする者を対象とした展示場を設置することはできる。
(3) 周囲には、自動車等の出入りする側を除き、高さ2m以上の耐火構造または不燃材料の塀または壁を設ける。
(4) 給油するときは、自動車等のエンジンを停止させること。
(5) 給油するときは、給油空地から自動車等をはみ出さないこと。

問題15 移動タンク貯蔵所には、一定の書類を備え付けることとされているが、次のうちその義務のないものはどれか。
(1) 完成検査済証
(2) 定期点検記録
(3) 設置許可証
(4) 譲渡または引渡しの届出書
(5) 品名・数量または指定数量の倍数変更の届出書

基礎的な物理学及び基礎的な化学

問題16 次のうち、誤っているものはどれか。
(1) 物質には、気体・液体・固体の3つの状態があり、これを物質の三態という。
(2) 1つの物質でも圧力や温度が変わると、気体から液体、液体から固体へと変化する。
(3) 気体・液体・固体の違いは、分子の集まり方によって起こる。
(4) 気体の圧力は、体積に反比例して変化する。
(5) 気体の温度が上がると、分子の速度が小さくなる。

問題17 化学変化のみの組み合わせはどれか。
(1) 燃焼　分解　中和
(2) 酸化　気化　液化
(3) 潮解　風解　融解
(4) 気化　凝縮　凝固
(5) 分解　融解　昇華

第2回 本試験型テスト

問題18 沸点に関する記述で、次のうち誤っているものはどれか。
(1) 不揮発性物質が溶け込むと液体の沸点は変化する。
(2) 沸点は、加圧すると下降し、減圧すると上昇する。
(3) 一定圧における純粋な物質の沸点は、その物質固有の値を示す。
(4) 標準沸点とは、蒸気圧が1気圧になるときの液温をいう。
(5) 液体の蒸気圧が外圧に等しくなるときの液温をいう。

問題19 20℃のエチルアルコール100gと4℃の水200gとを混合した場合、混合液の温度は次のうちどれか。ただし、エチルアルコールの比熱を2.38J/g・℃、水の比熱を4.19J/g・℃とし、混合による熱の生成、熱の出入りはないものとする。
(1) 約6.7℃　(2) 約7.5℃　(3) 約8.0℃
(4) 約8.5℃　(5) 約9.0℃

問題20 熱に関する次のA～Dまでの記述のうち、正しいものの組み合わせはどれか。
A　一般に金属の熱伝導率は、他の固体の熱伝導率に比べて大きい。
B　一般に熱伝導率の小さなものほど熱を伝えやすい。
C　気体・固体・液体のうち、一般に気体の熱伝導率が最も小さい。
D　水は他の液体に比べ、比熱が小さい。
(1) AとB　(2) AとD　(3) CとD
(4) AとC　(5) BとD

問題21 危険物を取り扱うとき静電気が問題とされる理由として、次のうち正しいものはどれか。
(1) 感電するため。
(2) 危険物の温度が高くなり、発火点に達するため。
(3) 危険物が蒸発しやすくなるため。
(4) 静電気が蓄積すると、危険物が金属と反応するため。
(5) 静電気が蓄積すると、火花放電を起こすことがあるため。

問題22 可燃物が燃焼しやすい条件として、次の組み合わせのうち最も適当なものはどれか。

	燃焼熱	熱伝導率	酸素との接触面積
(1)	大	小	大
(2)	大	大	大
(3)	小	小	大
(4)	小	大	大
(5)	大	小	小

問題23 酸化と還元の説明で、次のうち誤っているものはどれか。
(1) 水素化合物が水素を失うことを酸化という。
(2) 酸化物が酸素を失うことを還元という。
(3) 物質が水素と化合することを還元という。
(4) 同一反応系において、酸化と還元は同時に起こらない。
(5) 酸化剤は還元されやすい物質である。

問題24 次はメタンガスが完全燃焼するときの熱化学反応式である。2gのメタンが燃焼したときに111.3kJの熱量が発生したとすると、次のXはいくらか。
$CH_4 + 2O_2 = CO_2 + 2H_2O + X kJ$
（原子量は：C=12、O=16、H=1）
(1) 13.9kJ
(2) 890.4kJ
(3) 1,113kJ
(4) 1,335.6kJ
(5) 1,780kJ

問題25 消火剤の適応性について、誤っているものはどれか。
（○適、×不適）

		一般火災	油火災	電気火災
(1)	泡	○	○	○
(2)	二酸化炭素	×	○	○
(3)	霧状の強化液	○	○	○
(4)	粉末（リン酸塩類）	○	○	○
(5)	ハロゲン化物	×	○	○

第2回 本試験型テスト

危険物の性質並びにその火災予防及び消火の方法

問題26 危険物の類ごとに共通する危険性として、次のうち誤っているものはどれか。
(1) 第1類の危険物………一般に酸化されやすい物質との混合は、加熱・衝撃等により爆発する危険性がある。
(2) 第2類の危険物………一般に酸化剤との混合は、打撃などにより爆発する危険性がある。
(3) 第4類の危険物………一般に火気等により、引火または爆発の危険性がある。
(4) 第5類の危険物………一般に加熱・衝撃・摩擦等により発火し、爆発するものが多い。
(5) 第6類の危険物………一般に空気に触れることにより、自然発火する危険性がある。

問題27 第4類の危険物の性状として、次のうち誤っているものはどれか。
(1) 比重は1より小さいものが多い。
(2) 蒸気比重は1より大きい。
(3) 水に溶けないものが多い。
(4) 一般に自然発火しやすい。
(5) 流動等により静電気が発生しやすい。

問題28 第4類の危険物の危険性として、次のうち正しいものはどれか。
(1) 乳白色で蒸発する引火点40℃未満のものが多い。
(2) 接着剤等に使われることが多く、のり状の性質で引火点が低いものが多い。
(3) 酸化力が強く、無機化合物のものが多い。
(4) 蒸気比重は1より大きく、液比重は1より小さいものが多い。
(5) 空気にさらすと分解する危険性が高く、衝撃などにより爆発の危険性を有するものが多い。

問題29 第3石油類について、次のうち誤っているものはどれか。
(1) 重油、クレオソート油などが該当する。
(2) 常温（20℃）で固体のものもある。
(3) 引火点が70℃以上200℃未満の液体である。
(4) 水溶性のものとしては、グリセリンなどがある。
(5) 水よりも重いものがある。

問題30 特殊引火物について、次のうち誤っているものはどれか。
(1) アセトアルデヒドは、無色透明でよく水に溶ける液体である。
(2) 酸化プロピレンは、別名プロピレンオキサイドともいう。
(3) 二硫化炭素は、無色の液体で水より軽く、水に溶けやすい。
(4) ジエチルエーテルは、特有の甘い刺激性の臭気があり、燃焼範囲は極めて広い。
(5) 二硫化炭素は、発火点が100℃以下で、第4類のうちでは発火点が特に低い危険物の1つである。

問題31 次の危険物のうち、水溶性液体に該当するものはいくつあるか。
アセトン、灯油、酢酸、重油、ガソリン、トルエン、軽油、エチレングリコール、ベンゼン
(1) 5つ　(2) 4つ　(3) 3つ　(4) 2つ　(5) 6つ

問題32 次の危険物のうち、引火点が最も低く、かつ燃焼範囲の広いものはどれか。
(1) ギヤー油　(2) ベンゼン　(3) アセトアルデヒド　(4) エチルアルコール　(5) アセトン

問題33 ジエチルエーテルについて、次のうち誤っているものはどれか。
(1) 水より軽く、蒸気は空気より重い。
(2) 燃焼範囲も広く、第4類の危険物の中では危険性が高い。
(3) 揮発性の強い無色透明の液体である。
(4) 水にはあらゆる割合で溶けるが、エチルアルコールには溶けない。
(5) 引火点・発火点ともに第4類の危険物の中では最も低いほうに属する。

問題34 灯油について、次のうち正しいものはどれか。
(1) 撹拌、混合によっても静電気は発生しない。
(2) 液温が引火点以上になると、ガソリンと同様の引火危険が生じる。
(3) 液温が常温（20℃）でも引火の危険性がある。
(4) 自然発火しやすい。
(5) 水より軽く、水によく溶ける。

問題35 灯油について、次のうち正しいものはどれか。
(1) 灯油の蒸気は、空気より8～10倍重いので低所に滞留しやすい。
(2) 灯油は流動しても静電気は発生しない。
(3) 灯油は40℃以上になると、ガソリンと同様引火しやすくなる。
(4) 市販の白灯油の引火点は、一般に55～65℃である。
(5) 水より軽く、水に溶けやすい。

第2回 本試験型テスト 解答と解説

問題1 (2) 廃止する日の10日前→遅滞なく。

問題2 (5) (1)、(3)は第6類、(2)は第2類、(4)は第3類に該当する。

問題3 (4) アルキルアルミニウムは、自然発火性物質および禁水性物質（第3類）。

問題4 (3) 免状返納命令の対象となるのは、消防法および消防法に基づく命令の規定に違反しているとき。

問題5 (3) 予防規程を作成するのは、製造所等の所有者、管理者または占有者。

問題6 (5) 危険物保安監督者を選任しなければならない製造所等は、貯蔵し、取り扱う危険物の類（第4類か否か）・数量・引火点の高低などにより政令で定められている。

問題7 (2) 床面積の制限はない。床面積1,000m²以下の制限があるのは屋内貯蔵所。

問題8 (5) 保安検査を行うのは、市町村長等。市町村長等とは、①市町村長②都道府県知事③総務大臣の3者を総称している。

問題9 (2) 第4類のうち特殊引火物は貯蔵が認められていない。(5)の硫化リンは第2類危険物だが、第2類のうち屋外貯蔵所での貯蔵が認められているのは硫黄と引火点0℃以上の引火性固体。

問題10 (1) 基準の特例に該当するため、平屋建て以外の建築物にも設けることができる。

問題11 (4) 40m以上→50m以上。史跡、重要文化財、重要有形民俗文化財、重要美術品等の建築物からは50m以上保安距離を確保することが定められている。

問題12 (5) 屋内貯蔵所は屋根を不燃材料で造り、金属板等の軽量な不燃材料でふく。天井を設けてはならない。

問題13 (4) 運搬容器の外部に表示する内容は、次のとおり。①危険物の品名②危険等級及び化学名（第4類の水溶性の場合は「水溶性」）③危険物の数量④注意事項

問題14 (1) 給油取扱所には、給油等のために出入りする者を対象とした飲食店、展示場のほか店舗も設置することができる。

問題15 (3) 設置許可証については、備え付けを要しない。完成検査済証を備え付けることにより、最終の許可内容が閲覧できるため。

問題16 (5) 小さくなる→大きくなる。温度を上げる（熱エネルギーを加える）と、気体分子の運動速度が加速されて活発な運動を起こす。

問題17 (1) 化学変化は、燃焼・分解・中和・酸化。中和とは、酸と塩基が反応して塩と水が生成する反応のことをいう。酸とは、水溶液中で電離して水素イオンを生じる物質のこと。塩基とは、水溶液中で電離して水酸化物イオンを生じる物質のこと。

問題18 (2) 加圧すると上昇し、減圧すると下降する。

問題19 (2) 移動する熱量に着目して、100g×2.38J/g・℃×(20−x)℃=200g×4.19J/g・℃×(x−4)℃を解いて、x≒7.5℃となる。

問題20 (4) B 熱伝導率の大きいものほど熱を伝えやすい。D 水の比熱は他の液体に比べて大きい。熱伝導率の大小の一般的な順位は、金属≫固体＞液体＞気体となる。

問題21 (5) 危険物取扱い上での静電気の発生は、燃焼の3要素の1つである点火源となるおそれがある。

問題22 (1) 燃焼熱が大きく、酸素との接触面が大きいほど燃焼しやすい条件となるが、熱伝導率については、小さいほど蓄熱され温度が高くなるので、燃焼しやすくなる。

問題23 (4) 一般に、酸化と還元は1つの反応で同時に起こる。物質が酸素と化合することを酸化といい、反対に、酸素を失うことを還元という。したがって、酸化は①物質が酸素と化合、②物質が水素を失う、③物質が電子を放出することである。

問題24 (2) 与式からメタン1mol(=16g)の燃焼熱量がXkJと示されている。2g(=$\frac{1}{8}$mol)のメタンの燃焼熱が111.3kJであるから、Xは111.3kJ×($\frac{16}{2}$g)=890.4kJと求められる。

問題25 (1) 電気火災には適応しない。泡をはじめ、水系消火剤の多くは、感電の危険が生じるため電気火災には不適応である。

問題26 (5) 酸化性液体で、自らは不燃性。空気に触れて発火することはない。

問題27 (4) 一般に自然発火はしない。第4類危険物の中にも、自然発火するものが、まったくないわけではない。動植物油類のうち、ヨウ素価の大きい乾性油などは、自然発火する危険がある。

問題28 (4) (1)現行では約45品中、引火点40℃未満は約20品。無色が多い。(2)のり状の性質ではなく、水のような流動性。(3)可燃性の酸化されやすい有機化合物。(5)空気にさらしても分解することはほとんどない。

問題29 (2) 第3石油類の性状は、1気圧・温度20℃で液状のものと消防法に規定されている。

問題30 (3) 水より重く、水に溶けない。二硫化炭素（CS_2）は、比重1.26で、水に溶けない。

問題31 (3) アセトン、酢酸、エチレングリコールの3つが水溶性液体。水溶性液体・非水溶性液体の区別があるのは、第1石油類・第2石油類・第3石油類のみ（危政令で規定されている）。

問題32 (3) アセトアルデヒドは、引火点−39℃、燃焼範囲4〜60％。燃焼範囲は第4類の中で最も広い。

問題33 (4) ジエチルエーテルは、水には難溶性（わずかに溶ける）で、アルコールにはよく溶ける。

問題34 (2) (3)液温が常温であれば引火点以下だが、噴霧状あるいはウエスや綿ほこり等にしみ込んだ灯油には引火危険性があり、要注意である。

問題35 (3) (1)8〜10倍ではなく、約4.5倍である。(2)灯油に限らず流体には静電気が発生する。(4)45〜55℃が正しい。(5)灯油は水には溶けない。灯油は、常温であれば引火点以下だが、霧状となって浮遊したり、繊維製品にしみ込んだりすると、空気との接触面積が大きくなるので引火危険性が高くなる。

第3回 本試験型テスト

制限時間 120分　合格ライン 各分野60％以上の正解

解答と解説 → P.15

危険物に関する法令	基礎的な物理学と化学	危険物の性質と火災予防・消火方法
1回目 /15問　2回目 /15問	1回目 /10問　2回目 /10問	1回目 /10問　2回目 /10問

危険物に関する法令

問題1 消防法「別表備考」の規定として、次のうち誤っているものはどれか。
(1) 特殊引火物とは、ジエチルエーテル、二硫化炭素その他1気圧において発火点が100℃以下のもの、または引火点が－20℃以下で沸点が40℃以下のものをいう。
(2) 第1石油類とは、アセトン、ガソリンその他1気圧において引火点が21℃未満のものをいう。
(3) 第2石油類とは、灯油、アルコールその他1気圧において引火点が21℃以上70℃未満のものをいう。
(4) 第3石油類とは、重油、クレオソート油その他1気圧において引火点が70℃以上200℃未満のものをいう。
(5) 第4石油類とは、ギヤー油、シリンダー油その他1気圧において引火点が200℃以上250℃未満のものをいう。

問題2 危険物の取扱作業の保安に関する講習について、次のうち正しいものはどれか。
(1) 消防関係法令に違反した危険物取扱者は、1年以内にこの講習を受けなければならない。
(2) 免状の交付を受けた都道府県が行う講習でなければ受講することができない。
(3) 製造所等において危険物の取扱作業に従事している危険物取扱者は、講習を受けなくても免状返納命令の対象とはならない。
(4) 危険物取扱者が危険物保安監督者になるときには、この講習を受けなければならない。
(5) 製造所等において危険物の取扱作業に従事している危険物取扱者は、一定期間ごとにこの講習を受けなければならない。

問題3 危険物取扱者と、取り扱うことができる主な危険物との組み合わせとして、次のうち誤っているものはどれか。
(1) 甲種危険物取扱者…………………硫化リン・硫黄・ニトロ化合物・特殊引火物・硝酸
(2) 乙種第4類危険物取扱者…………特殊引火物・第1石油類・動植物油類
(3) 乙種第3類危険物取扱者…………カリウム・黄リン
(4) 乙種第2類危険物取扱者…………鉄粉・赤リン・硫黄
(5) 丙種危険物取扱者…………………ガソリン・アルコール類

問題4 危険物取扱者免状について、誤っているものはどれか。
(1) 免状は、危険物取扱者試験に合格した者に対し、都道府県知事より交付される。
(2) 乙種の免状の交付を受けている者が、貯蔵し、または取り扱うことのできる危険物の種類は、免状に指定されているものだけである。
(3) 免状の記載事項変更の際は、居住地または勤務地を管轄する都道府県知事、もしくは免状の交付を受けた都道府県知事に免状の書き換えを申請しなければならない。
(4) 免状を汚損した場合、その免状の交付または書き換えをした都道府県知事に免状の再交付申請をすることができる。
(5) 危険物取扱者は、移動タンク貯蔵所により危険物を移送する場合を除き、危険物取扱作業に従事するときは常に免状を携帯していなければならない。

問題5 危険物保安監督者に関する説明として、次のうち正しいものはいくつあるか。
A 危険物保安監督者は、危険物の数量や指定数量の倍数にかかわらず、すべての危険物施設で選任しなければならない。
B 危険物保安監督者を選任する権限を有しているのは、製造所等の所有者・管理者または占有者である。
C 危険物保安監督者は、甲種または乙種危険物取扱者で、かつ1年以上の実務経験が必要とされている。
D 丙種危険物取扱者も、危険物保安監督者に選任される資格がある。
E 危険物保安監督者は、危険物施設保安員の指示に従って保安の監督をしなければならない。
(1) 1つ　(2) 2つ
(3) 3つ　(4) 4つ
(5) 5つ

問題6 予防規程について、次のうち正しいものはどれか。
(1) 製造所等における、位置・構造・設備の点検項目について定めた規程をいう。
(2) 製造所等における、貯蔵し、取り扱う危険物の数量について定めた規程をいう。
(3) 製造所等における、危険物取扱者の遵守事項を定めた規程をいう。
(4) 製造所等の火災を予防するため、危険物の保安に関し必要な事項を定めた規程をいう。
(5) 製造所等の労働災害を予防するための安全管理指針を定めた規程をいう。

第3回 本試験型テスト

問題7 完成検査ならびに完成検査前検査の説明として、次のうち正しいものはどれか（屋外タンク貯蔵所の岩盤タンク、および特殊液体危険物タンクの場合を除く）。
(1) 完成検査は、新たに製造所、貯蔵所または取扱所を設置する場合に限り受けるべき検査である。
(2) 完成検査前検査は、完成検査を受ける前に受けるべきこととされている。
(3) 完成検査前検査は、製造所、貯蔵所または取扱所の設置または変更の許可申請後であって、許可を受ける前に行う現地検査である。
(4) 最大貯蔵量が500kL以上の屋外貯蔵タンクについては、完成検査前検査として基礎・地盤検査および水圧検査または水張検査を受けなければならない。
(5) 最大貯蔵量が10,000kL未満の液体の危険物を貯蔵する屋外貯蔵タンクにあっては、溶接部検査を受ける必要がない。

問題8 第4類危険物の屋内貯蔵タンクのうち、圧力タンク以外のタンクに設ける通気管の構造として、誤っているものはどれか。
(1) 先端は、地上より2m以上の高さとしなければならない。
(2) 先端は、水平より下に45°以上曲げ、雨水の浸入を防ぐ構造としなければならない。
(3) 直径は30mm以上でなければならない。
(4) 先端は、建築物の窓・出入り口等の開口部から1m以上離さなければならない。
(5) 原則として、細目の銅網等により、引火防止装置を設けなければならない。

問題9 危険物の品名、性質および指定数量の組み合わせとして、次のうち誤っているものはどれか。

	品名	性質	指定数量
(1)	第1石油類	非水溶性液体	200 L
(2)	第1石油類	水溶性液体	400 L
(3)	第2石油類	非水溶性液体	500 L
(4)	第3石油類	非水溶性液体	2,000 L
(5)	第3石油類	水溶性液体	4,000 L

問題10 製造所等の掲示板に表示する事項として、誤っているものはどれか。
(1) 危険物の類別
(2) 危険物の品名
(3) 貯蔵または取扱い最大数量
(4) 危険物保安監督者の氏名または職名
(5) 所有者・管理者または占有者の氏名

問題11 標識について、次のうち誤っているものはどれか。
(1) 製造所等（移動タンク貯蔵所を除く）に設ける標識には、製造所等の名称を記載すること。
(2) 製造所等（移動タンク貯蔵所を除く）に設ける標識は、幅0.3m以上・長さ0.6m以上の板であること。
(3) 製造所等（移動タンク貯蔵所を除く）に設ける標識の色は、地を白色、文字を黒色とすること。
(4) 移動タンク貯蔵所に掲げる標識は、地が黒色の板に黄色の反射塗料等で「危」と表示したものであること。
(5) 移動タンク貯蔵所に掲げる標識の大きさは、0.2m平方であること。

問題12 次の消火設備のうち、電気火災に適応しないものはどれか。
(1) 炭酸水素塩類の粉末を放射する小型消火器
(2) リン酸塩類の粉末を使用する消火設備
(3) 霧状の強化液を放射する小型消火器
(4) 泡消火設備
(5) 二酸化炭素消火設備

問題13 製造所等で危険物の流出その他の事故が発生したとき、当該製造所の所有者・管理者または占有者が直ちに講じなければならないと定められているものはいくつあるか。
A 危険物が引き続き流出するのを防ぐ。　B 流出した危険物の拡散を防止する。
C 流出した危険物を除去する。　D 事故現場付近にある者を消防作業に従事させる。
E 流出防止の処置をし、消火活動の準備をする。
(1) 1つ　(2) 2つ　(3) 3つ
(4) 4つ　(5) 5つ

問題14 危険物を運搬する場合、混載しても差し支えない組み合わせとして、次のうち正しいものはどれか。
(1) 第1類の危険物と第2類の危険物。
(2) 第2類の危険物と第3類の危険物。
(3) 第3類の危険物と第4類の危険物。
(4) 第5類の危険物と第1類の危険物。
(5) 第6類の危険物と高圧ガス。

第3回 本試験型テスト

問題15 法令上、製造所等の消火設備の区分として、次のうち正しいものはどれか。
(1) 消火設備は第1種から第6種までに区分されている。
(2) スプリンクラー設備は、第1種消火設備である。
(3) 泡を放射する大型の消火器は、第3種の消火設備である。
(4) 乾燥砂は第5種消火設備である。
(5) 消火粉末を放射する小型の消火器は、第4種の消火設備である。

基礎的な物理学及び基礎的な化学

問題16 水に関する次の記述のうち、誤っているものはどれか。
(1) 水の三態とは、水蒸気・水・氷の3つの状態をいう。
(2) 100℃の水が水蒸気になるとき、1gにつき2,256.3Jの気化熱を奪う。
(3) 気化熱の大きいことが、水が消火に使われる理由の1つでもある。
(4) 水はどんな場合でも100℃で沸騰し、0℃で凍る。
(5) 水1gの温度を14.5℃から15.5℃に高めるのに必要な熱量は4.186Jである。

問題17 比熱（s）、質量（m）と熱容量（C）の関係式として、次のうち正しいものはどれか。
(1) $C = sm$　　(2) $C = sm^2$　　(3) $C = s^2m$　　(4) $C = s/m$　　(5) $C = m/s$

問題18 熱膨張について、次のうち誤っているものはどれか。
(1) 一般に、物体は温度が高くなるにつれてその体積を増す。
(2) 一般に、固体・液体・気体の膨張がある。
(3) 一般に、固体の膨張は、線膨張と体膨張がある。
(4) 一般に、水は0℃で密度最大になる。
(5) 一般に、気体の膨張は、一定の圧力のもとでは温度1℃上がるごとに、その気体が0℃において占める体積の約273分の1ずつ膨張する。

問題19 熱の移動（伝導・対流・ふく射）について、次のうち誤っているものはどれか。
(1) 熱が物質中を次々隣の部分に伝わっていく現象を伝導という。
(2) 伝導の度合いは物質によって異なり、この度合いを熱伝導率という。
(3) 熱伝導率は気体のほうが固体・液体より大きい。
(4) 対流は、熱が物質の運動に伴って移ることをいう。この運動は主に熱による物質の比重の変化によって起こる。
(5) 一般に、熱せられた物体が放射熱を出して他の物体に熱を与えることを放射（ふく射）という。

問題20 次の物質は元素、化合物、混合物を記したものであるが、組み合わせのうち混合物のみのものはどれか。
(1) 硫黄、空気、ベンゼン　　(2) アルコール、ガソリン、トルエン　　(3) アルコール、水、アセトン
(4) ガソリン、空気、軽油　　(5) アルコール、灯油、水素

問題21 有機化合物について、次のうち誤っているものはどれか。
(1) 有機化合物は、主に炭素、水素、酸素、窒素からできている。
(2) 完全燃焼すると、二酸化炭素と水蒸気を発生するものが多い。
(3) ガソリンは有機化合物の混合物である。
(4) 有機化合物は、アルコールやジエチルエーテルには溶けにくい。
(5) 有機化合物は、一般に水に溶けにくい。

問題22「一定質量の気体の体積は、圧力に反比例し、絶対温度に比例する。」この法則は次のうちどれか。
(1) アボガドロの法則　　(2) ボイル・シャルルの法則　　(3) ドルトンの法則
(4) 定比例の法則　　(5) 倍数比例の法則

問題23 引火点についての説明で、次のうち正しいものはどれか。
(1) 発火点と同じ意味であって、可燃物が固体のときは発火点といい、気体または液体のときは引火点という。
(2) 可燃性液体の蒸気の発生量が、燃焼範囲の下限値を示すときの液温をいう。
(3) 可燃物を空気中で加熱した場合、他から点火されなくても自ら発火する最低温度をいう。
(4) 可燃性液体が燃焼を継続しているときの液体の温度をいう。
(5) 可燃性液体を燃焼させるのに必要な熱源の温度をいう。

問題24 酸と塩基について、次のうち誤っているものはどれか。
(1) 酸と塩基から、塩と水のできる反応を中和という。
(2) 酸は酸味があり、青色リトマス試験紙を赤変させる。
(3) 塩基は、赤色リトマス試験紙を青変させる。
(4) 水溶液中では、酸は水酸化物イオンを、塩基は水素イオンを出す。
(5) 水酸化カルシウムは、塩基性物質である。

13

第3回 本試験型テスト

問題25 消火器と主な消火効果との組み合わせで、次のうち誤っているものはどれか。
(1) ハロゲン化物消火器………冷却効果
(2) 泡消火器………窒息・冷却効果
(3) 酸・アルカリ消火器………冷却効果
(4) 二酸化炭素消火器………窒息効果
(5) 粉末消火器………窒息・抑制効果

危険物の性質並びにその火災予防及び消火の方法

問題26 危険物の類ごとの性状について、誤っているものはどれか。
(1) 第1類………酸素との化合物である。
(2) 第2類………可燃性の固体である。
(3) 第4類………引火性の液体または可燃性の気体である。
(4) 第5類………分解し、爆発的に燃焼する物質である。
(5) 第6類………酸化性の液体で、燃焼しない。

問題27 第4類の危険物に共通する火災予防について、次のうち誤っているものはどれか。
(1) 静電気の蓄積を防止するため、乾燥した場所で取り扱うこと。
(2) 可燃性の蒸気を停滞させないため、通風・換気をよくすること。
(3) 直射日光を避けて、冷所に貯蔵すること。
(4) 可燃性蒸気の発生を防止するため、容器は密栓しておくこと。
(5) 引火を防止するため、みだりに火気に近づけないこと。

問題28 第4類危険物の火災に水をかけて消火するのは適当でないといわれるが、その理由はどれか。
(1) 発熱・発火するから。
(2) 発火点が下がるから。
(3) 引火点が下がるから。
(4) 可燃性ガスが発生するから。
(5) 燃焼面が拡大するから。

問題29 灯油について火災予防および消火方法に関する説明として、次のうち誤っているものはどれか。
(1) 霧状の細粒でも引火点以下の温度では、引火の危険性はまったくない。
(2) 加熱等により引火点以上に液温が上がったときは、ガソリンと同様に危険性がある。
(3) 流体摩擦による静電気の発生について注意が必要である。
(4) 引火点は40℃より高いので、通常の状態では引火する危険性はない。
(5) 消火に用いる消火剤は、ガソリンと同様である。

問題30 次の危険物のうち、水溶性液体に該当するものはいくつあるか。
アセトン、ピリジン、グリセリン、キシレン、酢酸、アクリル酸、アニリン、トルエン
(1) 2つ　(2) 3つ　(3) 4つ　(4) 5つ　(5) 6つ

問題31 次の危険物で、発火点の最も低いものはどれか。
(1) 二硫化炭素　(2) ガソリン　(3) 灯油　(4) アセトン　(5) メチルアルコール

問題32 二硫化炭素の性状について、次のうち誤っているものはどれか。
(1) 引火点が極めて低く、0℃以下である。
(2) 燃焼すると有毒な二酸化硫黄（亜硫酸ガス）を発生する。
(3) 蒸気は有毒で、窒息性・刺激性があり、吸入すると危険である。
(4) 燃焼範囲は、ガソリンよりも狭い。
(5) 純粋なものは、無色透明である。

問題33 軽油について、次のうち正しいものはどれか。
(1) 液温が引火点以上になっても周囲の気温がそれ以下であれば引火しない。
(2) 液温が引火点以上になれば自然発火する。
(3) 液温が引火点未満であっても周囲の気温がそれ以上であれば引火する。
(4) 液温が引火点以上になれば周囲の気温に関係なく引火する。
(5) 液温と周囲の気温がともに引火点以上のときだけ引火する。

問題34 酢酸の性状について、次のうち誤っているものはどれか。
(1) 引火点は21℃より高く、70℃未満である。
(2) 発火点は、灯油よりかなり高い。
(3) 水溶液は、弱い酸性を示す。
(4) 10℃になっても凝固しない。
(5) 蒸気比重は、空気の約2倍である。

問題35 動植物油類がしみ込んだウエスが自然発火した。この原因として考えられるものは、次のうちどれか。
(1) 酸化されやすいから。
(2) 比重が大きいから。
(3) 蒸気比重が大きいから。
(4) 引火点が低いから。
(5) 燃焼範囲が広いから。

第3回 本試験型テスト 解答と解説

問題1 (3) アルコール→軽油。消防法別表備考に規定する第2石油類とは、①灯油②軽油③その他、1気圧において引火点が21℃以上70℃未満のもの。ただし、塗料類その他の物品で総務省令で定めるものを除く。

問題2 (5) (1)、(4)このような規定はない。(2)どこの都道府県で行われている講習でも受講可能。(3)消防法第13条の23(危険物取扱者の受講義務)に違反するので免状返納命令の対象となる。

問題3 (5) アルコール類は取り扱うことができない。丙種危険物取扱者が取り扱うことのできる危険物は、以下のとおり。①ガソリン②灯油③軽油④第3石油類(重油、潤滑油、および引火点が130℃以上のもの)⑤第4石油類⑥動植物油類。

問題4 (5) 移動タンク貯蔵所により危険物を移送する場合は、免状を携帯しなければならない。他の製造所等において危険物の取扱作業に従事する場合は、免状の携帯は義務付けられていない。

問題5 (1) A選任しなければならないのは政令で定める製造所等のみ。Bは正しい。C必要な実務経験6か月以上。D丙種危険物取扱者には資格がない。E危険物保安監督者は、危険物施設保安員に必要な指示を与える立場にある。

問題6 (4) 予防規程とは、主に火災予防上の見地から作成し、守らなければならない自主保安規定であり、そこに定めるべき主な事項は次のとおりである。①危険物の保安業務を管理する者の職務と組織。②化学消防自動車の設置と自衛の消防組織。③保安作業従事者に対する保安教育。④安全のための巡視・点検・検査。⑤危険物取扱作業の基準。⑥災害時・非常時にとるべき措置。

問題7 (2) (1)位置・構造・設備を変更する場合にも受ける。(3)許可を受けた後に行われる。(4)貯蔵量1,000kL未満のタンクの場合は、基礎・地盤検査の必要はない。(5)貯蔵量1,000kL以上のタンクは、溶接部検査を受ける必要がある。

問題8 (1) 2m以上→4m以上。

問題9 (3) 第2石油類非水溶性液体の指定数量は1,000L。

問題10 (5) 掲示板には、所有者・管理者・占有者の氏名を表示することは定められていない。

問題11 (5) 0.2m→0.3〜0.4m。移動タンク貯蔵所に掲げる標識の大きさは、0.3m平方以上0.4m平方以下である。0.3平方m(m^2)、0.4平方m(m^2)と混同しないように。

問題12 (4) 泡消火設備は、窒息消火が有効な火災に適応するもので、電気設備には不適である。

問題13 (4) Dは定められていない。法第16条3の規定により、災害発生時における応急措置および通報等が定められている。

問題14 (3) 危険物を混載する場合、第4類については第1類や第6類との混載は禁止、それ以外の類の危険物との混載は可とされている。なお、この規定は指定数量の10分の1以下の危険物には適用されない。

問題15 (4) (1)消火設備は第1種から第5種までに区分されている。(2)スプリンクラーは第2種。(3)大型消火器は第4種。(5)「粉末を放射する小型の消火器」は、第5種の消火設備。「粉末を放射する消火設備」は、第3種の消火設備に区分されている。◆第5種消火設備には、ほかに、膨張ひる石、膨張真珠岩、水バケツ、水槽などがある。

問題16 (4) 水が100℃で沸騰し、0℃で凍るのは、あくまでも1気圧という条件下でのこと。仮に圧力が下がれば、沸点も低くなる。

問題17 (1) 熱容量＝比熱(J／g・℃)×質量(g)に記号を当てはめるとC＝smとなる。

問題18 (4) 水の液比重は、4℃のとき最大の1となり、その温度以外では1より小さい。膨張は比重と相対の関係になるから、水の膨張は4℃のとき最小となりその温度以外では増加する。

問題19 (3) 物質三態のうち気体の熱伝導率は最も小さい。

問題20 (4) 混合物は、空気、ガソリン、軽油、灯油。

問題21 (4) 有機化合物は水には溶けにくいが、アルコールなどの有機溶媒にはよく溶ける。

問題22 (2) アボガドロの法則は「すべての気体は、同温・同圧において同体積内に同数の分子を含む」である。ドルトンの法則とは「混合気体の全圧は、各成分気体の圧力の和に等しい」であり、分圧の法則ともいう。

問題23 (2) (1)発火点は加熱状態で自己発火するときの温度。(3)引火点ではなく発火点の概要。(4)引火点、発火点にも無関係。(5)引火点、発火点を加熱中の熱源の温度と勘違いしている場合があり、要注意。

問題24 (4) 水溶液中では、酸は水素イオン(H^+)を、塩基は水酸化物イオン(OH^-)を出す。

問題25 (1) ハロゲン化物消火器は、窒息効果および負触媒効果。

問題26 (3) 第4類危険物は「引火性液体」と消防法別表に規定されている。よって「気体」は該当しない。

問題27 (1) 乾燥した場所では取り扱わないこと。静電気の発生と蓄積を抑制するには、湿度を75%以上に保つなどの対策をとる。

問題28 (5) 放水消火は、火面を攪拌して火勢をあおり、かつ危険物を浮上させ、燃焼面を拡大するため、禁止されている。

問題29 (1) 霧状になって浮遊している灯油は引火の危険がある。

問題30 (4) キシレン、アニリン、トルエンの3つが非水溶性である。

問題31 (1) 二硫化炭素の発火点90℃は、第4類危険物の中で特に低い数値。

問題32 (4) 燃焼範囲の比較。二硫化炭素＝1〜50%、ガソリン＝1.4〜7.6%。

問題33 (4) 軽油の性状についてのみならず、引火点・発火点・燃焼範囲などについて確認しておく。

問題34 (4) 酢酸は、融点16.6℃、引火点39℃。

問題35 (1) 動植物油類は、ヨウ素価が大きいほど乾きやすく、酸化による発熱が蓄積して自然発火しやすい。また、乾性油であるほど発火しやすい。

第4回 本試験型テスト

制限時間 120分　合格ライン 各分野60％以上の正解

解答と解説 → P.20

危険物に関する法令		基礎的な物理学と化学		危険物の性質と火災予防・消火方法	
1回目 /15問	2回目 /15問	1回目 /10問	2回目 /10問	1回目 /10問	2回目 /10問

危険物に関する法令

問題1 次のうち、消防法に定める危険物に該当するものはいくつあるか。
鉄粉、有機過酸化物、黄リン、炭酸水素ナトリウム、リン酸塩類、硝酸塩類、クレオソート油
(1) 2つ　(2) 3つ　(3) 4つ　(4) 5つ　(5) 6つ

問題2 消防法では、指定数量以上の危険物の貯蔵・取扱いについて規制しているが、指定数量未満の危険物の貯蔵・取扱いについて、次のうち正しいものはどれか。
(1) まったく規制されていない。
(2) 消防法で、指定数量以上の危険物と同等に規制されている。
(3) 消防法施行令で、準危険物として指定されている。
(4) 危険物の規制に関する規則で規制されている。
(5) 市町村条例で規制されている。

問題3 製造所等の区分について、次のうち正しいものはどれか。
(1) 屋外の場所において、第1類危険物、第2石油類・第3石油類・第4石油類もしくは動植物油類を貯蔵し、または取り扱う貯蔵所を、屋外貯蔵所という。
(2) 屋内にあるタンクで危険物を貯蔵し、または取り扱う貯蔵所を、屋内貯蔵所という。
(3) ボイラーで重油等を消費する施設を、製造所という。
(4) 店舗において容器入りのままで販売するため、指定数量の倍数が15以下の危険物を取り扱う施設を、第1種販売取扱所という。
(5) 金属製ドラム等に直接給油するためガソリンを取り扱う施設を給油取扱所という。

問題4 危険物の製造所等を設置するには、法令に基づく申請手続きを経て許可を受けなければならない。次のうち、その許可権者として正しいものはどれか（移送取扱所を設置する場合を除く）。
(1) 人口10万人以上の市の区域にあっては当該市長、その他の市町村の区域にあってはその区域を管轄する都道府県知事。
(2) 市の区域にあっては市長、町村の区域にあっては町村長。
(3) 消防本部および消防署を置く市町村の区域にあっては当該市町村長、その他の市町村の区域にあってはその区域を管轄する都道府県知事。
(4) 消防本部および消防署を置く市町村の区域にあっては消防長または消防署長、その他の市町村の区域にあっては市町村長。
(5) 消防本部および消防署を置く市町村の区域、置かない市町村の区域を問わず、都道府県知事。

問題5 定期点検に規定する点検記録記載事項として、次のうち誤っているものはどれか。
(1) 点検を行った製造所等の名称
(2) 点検を行った製造所等の危険物の貯蔵・取扱量
(3) 点検を行った年月日
(4) 点検の方法および結果
(5) 点検を行った危険物取扱者の氏名

問題6 危険物保安監督者を選任しなくてもよい製造所等は、次のうちどれか。
(1) 製造所
(2) 屋外タンク貯蔵所
(3) 給油取扱所
(4) 移動タンク貯蔵所
(5) 移送取扱所

問題7 危険物保安統括管理者、危険物保安監督者及び危険物施設保安員について、次のうち誤っているものはどれか。
(1) 危険物保安監督者は、甲種もしくは乙種危険物取扱者で、製造所等で危険物の取扱いに関わる実務に6か月以上従事した者でなければならない。
(2) 危険物施設保安員は、製造所等の点検業務、およびその構造・設備に関わる保安のための業務を行う。
(3) 危険物保安統括管理者は、当該事業所の危険物の保安に関する業務の統括管理にあたる。
(4) 危険物保安統括管理者は、当該事業所においてその事業の実施を統括管理する者をもって充てなければならない。
(5) 危険物保安統括管理者および危険物施設保安員は、危険物取扱者免状を有する者でなければならない。

第4回 本試験型テスト

問題8 ガソリン10,000Lを貯蔵する屋外タンク貯蔵所について、次のうち誤っているものはどれか。
(1) 保安距離および敷地内距離を確保しなければならない。
(2) 保有空地の幅は、9m以上でなければならない。
(3) 指定数量の倍数が10以上となるので、避雷設備を設けなければならない。
(4) タンクには、危険物の量を自動的に表示する装置を設けなければならない。
(5) 圧力タンク以外のタンクには、無弁通気管を設けなければならない。

問題9 平屋建てのタンク専用室に設置する屋内貯蔵タンクの最大容量として、誤っているものはどれか。
(1) 第1石油類の非水溶性液体……8,000L
(2) 第1石油類の水溶性液体………16,000L
(3) 第2石油類の非水溶性液体……40,000L
(4) 第4石油類………………………240,000L
(5) 動植物油類………………………400,000L

問題10 危険物取扱者免状について、次のうち誤っているものはどれか。
(1) 免状は、甲種、乙種、丙種の3種類に区分され、取得した都道府県だけでなく全国で有効である。
(2) 危険物取扱者は、移動タンク貯蔵所により危険物を移送する場合に限って、免状を携帯する必要はない。
(3) 丙種危険物取扱者が取り扱える危険物は、第4類のうち指定された危険物だけである。
(4) 免状は、危険物取扱者試験に合格したら、都道府県知事より交付される。
(5) 製造所等で危険物の取扱作業に従事している危険物取扱者は、一定期間内に取扱作業の保安に関する講習を受けなければならない。

問題11 消防法上の申請と届出について、次のうち誤っている組み合わせはどれか。
(1) 製造所等の用途を廃止したとき………………承認申請
(2) 予防規程を定めたとき…………………………認可申請
(3) 危険物保安監督者を解任したとき……………届出
(4) 位置・構造・設備を変更するとき……………変更許可申請
(5) 譲渡または引渡しがあったとき………………届出

問題12 危険物の性状に応じて注意事項を表示した掲示板として、次のうち誤っている組み合わせはどれか。
(1) 禁水性物品……………………禁水
(2) 自然発火性物品………………火気注意
(3) 第2類（引火性固体を除く）…火気注意
(4) 第4類……………………………火気厳禁
(5) 第5類……………………………火気厳禁

問題13 製造所等における定期点検について、次のうち誤っているものはどれか。
(1) 製造所等の所有者・管理者または占有者は、定期点検記録を作成し、これを保存しなければならない。
(2) 定期点検は、消防法第10条第4項の技術上の基準に適合しているかどうかについて行わなければならない。
(3) 丙種危険物取扱者は、定期点検を行うことができない。
(4) 危険物施設保安員は、定期点検を行うことができる。
(5) 定期点検は、1年に1回以上行わなければならない。

問題14 危険物と運搬容器の外部に行う注意事項の表示の組み合わせとして、次のうち誤っているものはどれか。
(1) 自然発火性物品…………………「空気接触厳禁」及び「火気厳禁」
(2) 禁水性物品………………………「禁水」
(3) 第4類……………………………「火気注意」
(4) 第5類……………………………「火気厳禁」及び「衝撃注意」
(5) 第6類……………………………「可燃物接触注意」

問題15 市町村長等は、危険物保安統括管理者および危険物保安監督者の解任を命令することができるが、この命令の受命者として正しいものはどれか。
(1) 製造所等の危険物施設保安員
(2) 製造所等の危険物保安監督者
(3) 製造所等の危険物保安統括管理者
(4) 製造所等の所有者・管理者または占有者
(5) 製造所等の責任者

第4回 本試験型テスト

基礎的な物理学及び基礎的な化学

問題16 次の文章のうち、誤っているものはどれか。
(1) 固体、液体、気体を物質の三態といい、三態の間の物理変化を状態変化という。
(2) 常温常圧とは、一般に20℃を普通温度、1気圧を普通圧力とみなしている。
(3) 気体の圧力は体積に比例して変化する。
(4) 固体が液体に変わることを融解、液体が固体に変わることを凝固という。
(5) 気体の温度が上がると分子運動の速度が大きくなる。

問題17 ある物質の蒸気比重は1より大きい。これは何に対して大きいのか、次のうち正しいものはどれか。
(1) 水蒸気　(2) 空気　(3) 水素　(4) 水　(5) 酸素

問題18 次の気体のうち、最も比重の大きいものはどれか。ただし、原子量はC＝12、H＝1、O＝16とする。
(1) 水素（H_2）　(2) メタン（CH_4）　(3) 酸素（O_2）
(4) アセチレン（C_2H_2）　(5) 二酸化炭素（CO_2）

問題19 0℃の氷10gを50℃まで高めるのに要する熱量として、次のうち正しいものはどれか。ただし、氷の融解熱を332J/g、水の比熱を4.19J/g・℃とする。
(1) 2095J　(2) 5415J　(3) 7510J　(4) 8735J　(5) 166000J

問題20 静電気に関する説明として、次のうち誤っているものはどれか。
(1) 静電気は、一般に電気の不良導体の摩擦等によって発生する。
(2) 引火性液体が給油ホース内を流れるときに発生する静電気の量は、流速に比例する。
(3) 静電気は、蓄積すると火花放電を生じることがある。
(4) 物質に静電気が蓄積すると発熱し、自然発火に至ることがある。
(5) 静電気は、湿度が低いほど発生しやすく、蓄積しやすい。

問題21 熱に関する説明（比熱・体膨張率・熱伝導率など）で、次のうち誤っているものはどれか。
(1) 物質1gの温度を1℃だけ上昇させるのに必要な熱量を、その物質の比熱という。
(2) 1gの純水を1気圧において、14.5℃から15.5℃まで温度1℃上げるのに必要な熱量は4.186Jである。
(3) 金属を熱した場合、長さの方向に伸びることを線膨張、体積が増加することを体膨張という。
(4) 固体は一般に気体より熱伝導率が小さい。
(5) 熱が高温の物体から低温の物体へ移動する仕方として、伝導・対流・放射（ふく射）の3種類がある。

問題22 湿度について、次のうち誤っているものはどれか。
(1) 湿度には、実効湿度・相対湿度等の表し方がある。
(2) 実効湿度とは、空気中に含まれる水蒸気の量をグラム数で表したものをいう。
(3) 相対湿度の値は、空気中の水蒸気の量が変わらなくとも、気温が変化することによっても変わる。
(4) 湿度とは、空気中の乾湿の度合いをいう。
(5) 気温が上昇すると、飽和水蒸気量の値も増大する。

問題23 第4類の危険物の危険性の因子に関する説明で、次のうち誤っているものはどれか。

	大きいほど危険	小さいほど危険
(1)	燃焼熱	発火点
(2)	蒸気圧	引火点
(3)	燃焼範囲	沸点
(4)	燃焼速度	比熱
(5)	発火点	蒸気圧

問題24 燃焼についての説明として、次のうち誤っているものはどれか。
(1) 可燃物・酸素供給源・点火源を燃焼の3要素という。
(2) 燃焼の3要素に、燃焼の継続（連鎖反応）を加えて、燃焼の4要素ともいう。
(3) 熱伝導率の大きいものほど、燃えやすい。
(4) 可燃性液体の蒸気と空気との混合割合が、多すぎても少なすぎても燃焼しない。
(5) 熱と光の発生を伴う酸化反応を、燃焼という。

問題25 火災と、その火災に適応する消火器との組み合わせとして、次のうち正しいものはどれか。
(1) 電気火災……………棒状の強化液を放射する消火器
(2) 普通火災……………ハロゲン化物を放射する消火器
(3) 油火災………………霧状の強化液を放射する消火器
(4) 電気火災……………泡を放射する消火器
(5) 普通火災……………二酸化炭素を放射する消火器

第4回 本試験型テスト

危険物の性質並びにその火災予防及び消火の方法

問題26 危険物の類ごとに共通する危険性として、次のうち正しいものはどれか。
(1) 第1類の危険物は、爆発的で極めて燃焼が速いため消火は困難である。
(2) 第2類の危険物は、可燃物と混合され、熱等によって分解することにより、極めて激しく燃焼する。
(3) 第3類の危険物は、それ自体は燃焼しないが、混在する他の可燃物の燃焼を促進する。
(4) 第5類の危険物は、加熱分解などにより比較的低い温度で多量の熱を発生し、または爆発的に反応が進行する。
(5) 第6類の危険物は、水と接触して発火もしくは可燃性ガスを発生する。

問題27 第4類の危険物に共通する特性として、次のうち誤っているものはどれか。
(1) 第4類の危険物は、電気をよく通す良導体であり、静電気が蓄積しやすいものが多い。
(2) 蒸気比重が1より大きく、蒸気が低所に滞留する。
(3) 引火性の液体で、火気等により引火または爆発の危険がある。
(4) 液比重は1より小さく、水には溶けないものが多い。
(5) 沸点・引火点が低いほど蒸気が発生しやすく、引火の危険性が大きい。

問題28 第4類の危険物についての次の説明のうち、正しいものはどれか。
(1) 常温以下では、炎・火花によっても引火しない。
(2) 常温以下では、可燃性蒸気を出すものはない。
(3) 炎・火花があれば、引火点以下の温度でも燃える。
(4) 発火点以上の温度に加熱されれば、燃焼する。
(5) 炎・火花がなければ発火点以上の温度でも、燃えない。

問題29 次の物質中、発火点が最も低いものはどれか。
(1) ジエチルエーテル　　(2) ガソリン　　(3) メチルアルコール　　(4) 重油　　(5) グリセリン

問題30 二硫化炭素の性状について、次のうち正しいものはどれか。
(1) 発火点は0℃で、第4類危険物の中で最も低い。
(2) 極めて揮発しやすく、その蒸気は空気より重い。
(3) 燃焼すると有毒の亜硝酸ガスを発生する。
(4) 水より軽く、水に溶けない。
(5) 燃焼範囲は、1.4〜7.0％（容量）で比較的狭い。

問題31 次の危険物で燃焼範囲が最も広いものはどれか。
(1) ガソリン　　(2) メチルアルコール　　(3) 灯油　　(4) 軽油　　(5) ベンゼン

問題32 第1石油類の説明として、次のうち誤っているものはどれか。
(1) 非水溶性のものとして、ガソリン・ベンゼンなどがある。
(2) 1気圧において、引火点が21℃未満の液体である。
(3) 水溶性のものとして、アセトンなどがある。
(4) 常温（20℃）では、液体または気体である。
(5) 引火点が−20℃以下のものもある。

問題33 重油について、次のうち誤っているものはどれか。
(1) ガソリンよりも粘性のある液体である。
(2) 暗褐色の液体である。
(3) 比重は1より大きい。
(4) 引火点は、灯油より大きい。
(5) 霧状になったものは、引火点以下でも危険である。

問題34 グリセリンについて、次のうち正しいものはどれか。
(1) 蒸気は空気より軽い。
(2) 暗褐色の液体である。
(3) 潤滑剤のほか、爆薬・医薬品等に用いる。
(4) 水より軽い。
(5) 粘性がなく、水に溶けない。

問題35 ガソリンを他の容器に詰め替え中、付近で使用していた灯油ストーブにより火災となった。この火災の発生原因として適当なものは次のうちどれか。
(1) ガソリンが灯油ストーブにより加熱され、発火点以上となったから。
(2) 灯油ストーブにより、室内の温度が上昇したから。
(3) 灯油ストーブによりガソリンが温められ、燃焼範囲が広がったから。
(4) ガソリンの蒸気が空気と混合して燃焼範囲の蒸気となり、床をはって灯油ストーブのところへ流れたから。
(5) 灯油ストーブによりガソリンが温められ、引火点が下がったから。

第4回 本試験型テスト 解答と解説

問題1 (4) 鉄粉（第2類）、有機過酸化物（第5類）、黄リン（第3類）、硝酸塩類（第1類）、クレオソート油（第4類）の5つが危険物。

問題2 (5) 指定数量未満の危険物の貯蔵または取扱いについては、各市町村の火災予防条例で貯蔵および取扱いに関する技術上の基準が定められている。ただし危険物の運搬については、数量に関係なく消防法令で運搬の方法や容器等を規制している。

問題3 (4) (1)第1類危険物は貯蔵できない。(2)屋内貯蔵所→屋内タンク貯蔵所(3)製造所→（一部の）一般取扱所(5)金属製ドラム等に直接ガソリンを給油する施設は給油取扱所に該当しない。

問題4 (3) 製造所等（移送取扱所を除く）の設置・変更に関わる許可権者は、その市町村の区域に消防本部および消防署が設置されているか否かで異なる。

問題5 (2) 危険物の貯蔵量や取扱量については、点検記録に記載する必要はない。

問題6 (4) 移動タンク貯蔵所とは、一般にいうタンクローリーのこと。

問題7 (5) 免状を有する者でなくてもよい。

問題8 (2) 9m以上→3m以上。保有空地の幅は、貯蔵し、取り扱う危険物の指定数量の倍数に応じて決められている。ガソリン10,000Lを貯蔵しているということは、指定数量の倍数が50であり、この場合、屋外タンク貯蔵所の保有空地の幅は3m以上。

問題9 (3) 40,000L→20,000L ◆屋内貯蔵タンクの容量は、指定数量の40倍以下。ただし第4石油類および動植物油類以外の第4類危険物については、最大容量を20,000L以下としなければならない。したがって、指定数量の40倍が20,000Lを超える第2石油類と第3石油類は、最大容量20,000Lとしなければならない。

問題10 (2) 移動タンク貯蔵所により危険物を移送する場合も免状を携帯しなければならない。他の製造所等において取扱作業に従事する場合は、免状の携帯は義務付けられていない。◆(3)指定された危険物は、第4類のうち、ガソリン、灯油、軽油、第3石油類の一部、第4石油類及び動植物油類である。

問題11 (1) 承認申請→届出。

問題12 (2) 自然発火性物品については「火気厳禁」と表示しなければならない。

問題13 (3) 丙種危険物取扱者も定期点検を行うことができる。定期点検の実施可能者は、①危険物取扱者（甲・乙・丙種）②危険物施設保安員③危険物取扱者の立ち会いを受けた者。

問題14 (3) 「火気注意」→「火気厳禁」。第4類の危険物は、すべて「火気厳禁」である。

問題15 (4) 製造所等の法令違反に対する受命者は、「所有者・管理者または占有者」である。

問題16 (3) 比例→反比例。融解、凝固している間は、温度が上昇したり、下降したりはしない。

問題17 (2) 液比重は4℃の水に対して、蒸気比重は標準状態（1気圧、0℃）下での空気に対しての比較。

問題18 (5) それぞれの質量は1mol当たり(1)2g、(2)16g、(3)32g、(4)26g、(5)44g。分子1molの気体の体積は（1気圧、0℃で）22.4Lであるから、それぞれの質量を22.4で割れば、比重が求められる。(5)の1.96が最大。

問題19 (2) 計算式は、熱量＝（融解熱×氷の質量）＋（0℃→50℃の熱量）＝332J/g×10g＋（50℃−0℃）×10g×4.19J/g・℃＝5415Jとなる。

問題20 (4) 静電気が原因で自然発火を起こすことはない。

問題21 (4) 熱伝導率は大きい。

問題22 (2) 実効湿度とは、過去に吸収した湿気の影響を考慮に入れた湿度のこと。(2)の記述は絶対湿度の説明。

問題23 (5) ●大きいほど危険　燃焼熱→温度上昇、蒸気圧→揮発性強い、燃焼範囲→消火困難、燃焼面積→易燃焼、酸素濃度→支燃性　●小さいほど危険　発火点→低温発火、引火点→低温揮発性、沸点→揮発性強い、比熱→温度上昇、熱伝導→温度上昇

問題24 (3) 小さいものほど燃えやすい。燃焼には、燃焼点での高温度が不可欠。その高温度を得るには、熱発生即伝導では得られない。したがって、燃焼点での熱伝導率は小さいほど高温度が得られる。

問題25 (3) (4)電気火災は、漏電の可能性があるので、水や泡を放射する消火器は使えない。

問題26 (4) (1)物品の種類により燃焼の形式が異なり、消火も異なる。(2)自らが可燃性。(3)空気・水・湿気等と危険物自体が反応して燃焼する。(5)酸化性液体であり、自らは不燃性。

問題27 (1) 電気を通さない不良導体である。

問題28 (4) (1)、(2)特殊引火物、第1石油類、アルコール類は、ほとんどが引火点20℃（常温）以下であり、可燃性蒸気を発生して引火する。(3)引火点とは、空気中で点火源を与えられたときに、その液体が燃え出すのに十分な濃度の蒸気を液面上に発生する最低の温度である。(4)発火点とは、点火源がなくても発火し、燃え始める最低の温度である。

問題29 (1) 酸化プロピレンを除き、特殊引火物は他危険物と比べて発火点が低い。ジエチルエーテルの発火点は160℃。

問題30 (2) (1)発火点は90℃。(3)亜硝酸ガス→亜硫酸ガス。(4)水より重い。(5)燃焼範囲は、1.3〜50%と広い。

問題31 (2) メチルアルコールの燃焼範囲は6〜36%。

問題32 (4) 液体または気体→液体。第4類危険物は、すべて引火性の液体。消防法上の危険物全体を通じて、気体物質はない。

問題33 (3) 重油の比重は0.9〜1である。また、引火点は60〜150℃、発火点は250〜380℃。

問題34 (3) グリセリンは、無色透明な粘り気のある液体である。水とエチルアルコールに溶けるが、二硫化炭素、ベンゼン等には溶けない。

問題35 (4) ガソリンの引火点は−40℃以下。ストーブで加熱されるまでもなく、常温で可燃性蒸気が発生する。その蒸気は空気より3〜4倍も重いため、床をはって流れる。取扱い時の風下火源に注意が必要。

第5回 本試験型テスト

制限時間 120分　合格ライン 各分野60%以上の正解

解答と解説 → P.25

危険物に関する法令	基礎的な物理学と化学	危険物の性質と火災予防・消火方法
1回目 /15問　2回目 /15問	1回目 /10問　2回目 /10問	1回目 /10問　2回目 /10問

危険物に関する法令

問題1 消防法・同施行令・同施行規則・危険物の規制に関する政令・危険物の規制に関する規則における危険物の規制について、次のうち誤っているものはどれか。
(1) 危険物施設は、製造所・貯蔵所・取扱所の3つに区分されている。
(2) 製造所等を設置しようとする者は、市町村長等の許可を受けなければならない。
(3) 指定数量未満の危険物の貯蔵および取扱いの技術上の基準は、市町村条例で定めている。
(4) 指定数量未満の危険物の運搬についても規制対象となる。
(5) 航空機・船舶・鉄道または軌道による危険物の貯蔵、取扱いまたは運搬についても規制している。

問題2 屋内貯蔵所を設置し、使用するまでの順序として次のうち正しいものはどれか。
(1) 設置許可申請→許可→着工→完成→使用開始
(2) 設置許可申請→着工→許可→完成→完成検査申請→完成検査→使用開始
(3) 設置許可申請→着工→許可→完成検査申請→完成→完成検査→完成検査済証交付→使用開始
(4) 設置許可申請→許可→着工→完成→完成検査申請→完成検査→完成検査済証交付→使用開始
(5) 設置許可申請→許可→着工→完成検査申請→完成→完成検査→使用開始→完成検査済証交付

問題3 危険物の品名、性質および指定数量の組み合わせとして、次のうち誤っているものはどれか。

	品名	性質	指定数量
(1)	特殊引火物	非水溶性液体	50L
(2)	第1石油類	水溶性液体	400L
(3)	第2石油類	非水溶性液体	1,000L
(4)	第2石油類	水溶性液体	2,000L
(5)	第3石油類	水溶性液体	4,000L

問題4 販売取扱所について、誤っているものはどれか。
(1) 販売取扱所とは、店舗において容器入りのままで販売するために危険物を取り扱う取扱所である。
(2) 第1種販売取扱所で取り扱うことができるのは、指定数量の倍数が15を超え40以下の危険物である。
(3) 販売取扱所は建築物の1階に設けなければならない。
(4) 店舗部分に上階がある場合は、上階の床を耐火構造としなければならない。
(5) 保安距離および保有空地を確保する必要はない。

問題5 ガソリン2,000L、灯油3,000L、重油4,000L、エチルアルコール800Lを、屋内貯蔵所に貯蔵する場合の指定数量の倍数として、次のうち正しいものはどれか。
(1) 13倍　(2) 15倍　(3) 17倍
(4) 19倍　(5) 21倍

問題6 消防法別表に示されている危険物の性質として、次のうち正しいものはどれか。
(1) 第1類危険物は、硫化リンなどの酸化性固体である。
(2) 第2類危険物は、赤リンなどの可燃性固体である。
(3) 第4類危険物は、硝酸エステル類などの引火性液体である。
(4) 第5類危険物は、ギヤー油などの自己反応性物質である。
(5) 第6類危険物は、無機過酸化物などの酸化性液体である。

問題7 地下タンク貯蔵所に設ける無弁通気管について、次のうち正しいものはどれか。
(1) 通気管は危険物が通過する管なので、すべて溶接とする。
(2) タンクに圧力がかかっているので、通気管には安全弁が必要である。
(3) 通気管は地下貯蔵タンクの頂部に取り付ける。
(4) 通気管の先端は、できるだけ地上に近い低所に出す。
(5) 通気管は、注入管・送油管・計量口と同一管とする。

問題8 灯油30,000Lを貯蔵する屋内貯蔵所の位置・構造および設備の技術上の基準として、正しいものはどれか。
(1) 貯蔵倉庫は、独立した専用の建築物とすること。
(2) 1つの貯蔵倉庫の床面積は2,000m²以下とすること。
(3) 床は地盤面以下とし、ためますを設けること。
(4) 室内で発生した可燃性蒸気は、屋外へ排出しない構造とすること。
(5) 赤地に白文字で「火気注意」の掲示板を掲げること。

21

第5回 本試験型テスト

問題9 下図は、地下貯蔵タンクの断面図である。図中のa～eの説明として誤っているものはどれか。
(1) a……通気管
(2) b……注入口
(3) c……液面計もしくは計量口
(4) d……送油管
(5) e……固定バンド

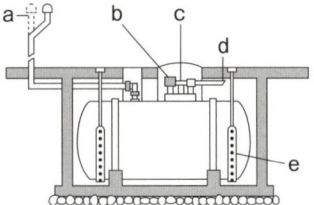

問題10 簡易タンク貯蔵所について、誤っているものはどれか。
(1) 1つの簡易タンクの貯蔵所には、簡易タンクを3基まで設置できるが、同一品質の危険物の簡易貯蔵タンクは、2基以上は設置できない。
(2) 簡易貯蔵タンクは、容易に移動しないように、地盤面、架台等に固定すること。
(3) 簡易貯蔵タンクの容量は、600L以下であること。
(4) 簡易貯蔵タンクを屋外に設置する場合には、その周囲に1m以上の空地を設けること。
(5) 簡易貯蔵タンクを専用室内に設ける場合には、タンクと専用室の壁との間に0.1m以上の間隔を保つこと。

問題11 屋外タンク貯蔵所（岩盤タンクまたは特殊液体危険物タンクを除く）の基準で、当該タンクの周囲に防油堤を設けなければならないものとして、次のうち正しいものはどれか。
(1) 危険物を貯蔵するタンクは、すべて設けなければならない。
(2) 液体の危険物（二硫化炭素を除く）を貯蔵するタンクは、すべて設けなければならない。
(3) 第4類危険物を貯蔵するタンクに限り、設けなければならない。
(4) 引火点を有する液体危険物を貯蔵するタンクに限り、設けなければならない。
(5) 非水溶性の危険物を貯蔵するタンクに限り、設けなければならない。

問題12 標識について、次のうち誤っているものはどれか。
(1) 移動タンク貯蔵所に掲げる標識の大きさは、0.3m以上0.4m以下平方である。
(2) 危険物運搬車両に付ける【危】の標識の大きさは0.4m×0.4mである。
(3) 製造所等（移動タンク貯蔵所を除く）に設ける標識には、製造所等の名称を記載すること。
(4) 製造所等（移動タンク貯蔵所を除く）に設ける標識の色は、地を白色、文字を黒色とすること。
(5) 危険物施設の【火気厳禁】の標識の大きさは0.3m以上×0.6m以上である。

問題13 製造所等の貯蔵タンクの最大容量として、次のうち誤っているものはどれか。
(1) 屋外タンク貯蔵所の屋外貯蔵タンクの容量の規定はない。
(2) 屋内タンク貯蔵所の屋内貯蔵タンクの容量は指定数量の40倍以下、ただし、第4類危険物（第4石油類と動植物油類を除く）については20,000L以下である。
(3) 移動タンク貯蔵所の移動貯蔵タンクの容量は、30,000L以下である。
(4) 簡易タンク貯蔵所の簡易貯蔵タンク1基の容量は6,000L以下である。
(5) 給油取扱所の専用タンクの容量の規定はない。

問題14 移動貯蔵タンクから液体の危険物を容器に詰め替えることができる場合の要件として、次のうち誤っているものはどれか。
(1) 容器は、技術上の基準で定める運搬容器でなければならない。
(2) 詰め替える危険物は、引火点40℃未満のものでなければならない。
(3) 第4類の危険物に限られている。
(4) 詰め替える場合は、安全な注油に支障がない範囲の速度で注油しなければならない。
(5) ノズルは、手動開閉装置を備えた注入ノズルにより行わなければならない。

問題15 次の記述のうち、消防法第12条の2第2項の使用停止命令の発令事由に該当しないものはどれか。
(1) 許可は受けたが、完成検査を受けないで屋内タンク貯蔵所を使用したとき。
(2) 給油取扱所の設備を無許可で変更したとき。
(3) 移動タンク貯蔵所を譲り受けて、その届出を怠ったとき。
(4) 製造所において危険物保安監督者を定めたが、その者に保安の監督をさせていないとき。
(5) 地下タンク貯蔵所の定期点検を行ったが、点検記録を保存していないとき。

基礎的な物理学及び基礎的な化学

問題16 物質の状態変化を表す右図のうち、A〜Eに該当する語句の組み合わせで適当なものは、次のうちどれか。

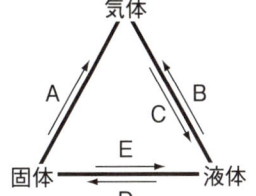

	A	B	C	D	E
(1)	気化	昇華	凝縮	融解	凝固
(2)	昇華	気化	融解	凝縮	凝固
(3)	昇華	気化	融解	凝固	凝縮
(4)	気化	昇華	凝固	融解	凝縮
(5)	昇華	気化	凝縮	凝固	融解

問題17 次の文章のうち、正しいものはどれか。
(1) 2つの物質の比重が同じであれば、同じ容積の質量は同じである。
(2) 2つの物質の沸点が同じであれば、融点も同じである。
(3) 2つの物質の容積が同じであれば、気体の場合は質量も同じである。
(4) 2つの物質の化学組成が同じであれば、同一物質である。
(5) 2つの物質の質量を同じにすれば、体積も同じである。

問題18 物質の種類の説明で、次のうち誤っているものはどれか。
(1) 混合物とは、空気や食塩水のように2種類以上の純物質が混じりあったものをいう。
(2) 化合物とは2種類以上の元素からなる純物質のことをいう。
(3) 異性体は分子内の構造が同じだが分子式が違い、構造異性体と立体異性体に分けられる。
(4) 単体とは水素や酸素のように1種類の元素からできている物質をいう。
(5) 同素体は、同じ単体でも色や硬さなどの性質が異なるものをいう。

問題19 比熱の説明として、次のうち正しいものはどれか。
(1) 物質1gの温度を1℃だけ上昇させるのに必要な熱量。
(2) 物質が水を含んだとき発生する熱量。
(3) 水1gが液体から気体に変化するのに要する熱量。
(4) 物質に4.186Jの熱を加えたときの温度上昇の割合。
(5) 物質を圧縮したとき発生する熱量。

問題20 燃焼の説明として、次のうち誤っているものはどれか。
(1) 気体の燃焼は、定常燃焼と非定常燃焼に分けることができる。
(2) アルコールや灯油などの可燃性液体は、液体そのものが燃えることで自己燃焼という。
(3) 固体の燃焼は、表面燃焼・分解燃焼・蒸発燃焼に分けることができる。
(4) 木炭やコークスなどの燃焼は、表面燃焼である。
(5) 一般に酸素の供給が十分であれば完全燃焼する。

問題21 メチルアルコールが完全燃焼したときの反応式は、次の式で表される。
2CH₃OH + 3O₂ → 4H₂O + 2CO₂
メチルアルコール32gを完全燃焼させるのに必要な理論上の酸素量は、次のうちどれか。ただし、原子量は炭素（C）12、水素（H）1、酸素（O）16とする。
(1) 24g　(2) 48g　(3) 96g　(4) 144g　(5) 32g

問題22 沸騰と沸点に関する説明で、次のうち誤っているものはどれか。
(1) 外気圧が高くなれば、その液体の沸点も高くなる。
(2) 液体を加熱すると液体内部からも蒸発が激しく起こり、気泡が発生する現象を沸騰という。
(3) 沸点とは、その液体の飽和蒸気圧が外気の圧力に等しくなる温度である。
(4) 水の沸点は、外気圧に関係なく常に100℃である。
(5) 一般に沸点といえば、1気圧における沸点を指す。

問題23 水が消火剤として利用される理由（長所）として、次のうち正しいものはどれか。
(1) 比熱・気化熱が大きい。
(2) 電気火災でも感電することは少なく安全である。
(3) 水はすべての危険物火災に有効である。
(4) 窒息消火の効果が大きい。
(5) 消火水による損害は極めて少ない。

問題24 次の消火方法で、適当でないものはどれか。
(1) ガソリンの火災に二酸化炭素消火器を使用する。
(2) ガソリンの火災に泡消火器を使用する。
(3) 灯油の火災に棒状の水を放射する消火器を使用する。
(4) 軽油の火災に霧状の強化液消火器を使用する。
(5) 軽油の火災にハロゲン化物消火器を使用する。

問題25 消火の方法とその消火効果を組み合わせたものとして、次のうち正しいものはどれか。
(1) ガスの栓をしめる……窒息効果
(2) 油火災に泡消火剤を放出して消す……負触媒効果
(3) 水をかけて消す……窒息効果
(4) アルコールランプのふたをする……除去効果
(5) ロウソクの火を吹いて消す……除去効果

第5回 本試験型テスト

危険物の性質並びにその火災予防及び消火の方法

問題26 次の文章の（　）内に当てはまる語句はどれか。
「（　）は強酸化性物質で他の物質と反応しやすい酸素を多量に含有しており、加熱・衝突・摩擦などにより、酸素を放出しやすい固体である。」
(1) 第1類危険物　(2) 第2類危険物　(3) 第4類危険物　(4) 第5類危険物　(5) 第6類危険物

問題27 次の文章の（　）に入る用語の組み合わせとして、正しいものはどれか。
「第4類危険物の取扱いにあたっては、火気または（A）の接近を避け、その蒸気は屋外の（B）に排出するとともに、蒸気の発生しやすいところでは（C）をよくし、また貯蔵容器は（D）、容器の破損を防止すること。」

	(A)	(B)	(C)	(D)
(1)	高温体	低所	通風	満ぱいにし
(2)	高温体	高所	通風	若干の空間容積を残し
(3)	高温体	高所	換気	満ぱいにし
(4)	高温体	低所	換気	若干の空間容積を残し
(5)	低温体	高所	通風	若干の空間容積を残し

問題28 第4類の危険物の火災予防における換気の必要性の説明として、次のうち正しいものはどれか。
(1) 静電気を防止するため。
(2) 自然発火を防止するため。
(3) 可燃性蒸気の滞留を防止するため。
(4) 引火点と発火点を低くするため。
(5) 室温を一定にするため。

問題29 消火に関する説明で、次のうち誤っているものはどれか。
(1) 燃焼の3要素のいずれか1つを取り除けば消火は可能である。
(2) 引火点以下にすれば、可燃性蒸気の発生を抑制でき消火することができる。
(3) 一般に酸素の濃度を30%以下とすれば、消火できる。
(4) 爆風により可燃性蒸気を吹き飛ばせば、消火できる。
(5) ハロゲン化物消火剤は、負触媒（抑制）作用による消火効果が大きい。

問題30 ジエチルエーテルと二硫化炭素に共通する性状・性質として、誤っているものはどれか。
(1) 形状はいずれも無色透明の液体である。
(2) 引火点はいずれも低く、極めて引火しやすい性質を有する。
(3) いずれもアルコールには溶ける性質を有する。
(4) 蒸気比重はいずれも1より大きい。
(5) 液比重はいずれも1より小さい。

問題31 次のガソリンに関する説明のうち、誤っているものはどれか。
(1) 自動車ガソリン・工業ガソリンなどの種類がある。
(2) 純度の高いものは、無色・無臭である。
(3) 蒸気は、空気より重い。
(4) 水には溶けない。
(5) 電気の不良導体であるため、流動摩擦により静電気が発生しやすい。

問題32 次の動植物油類に関する説明のうち、誤っているものはどれか。
(1) 水に溶けない。
(2) 引火点以上に熱するとガソリンと同様の危険が生じる。
(3) 引火点は、300℃程度である。
(4) 不飽和脂肪酸が多いほど、ヨウ素価が大きい。
(5) 乾性油のほうが不乾性油よりも自然発火しやすい。

問題33 次の軽油に関する説明のうち、誤っているものはどれか。
(1) 一般に淡青色に着色されている。
(2) 引火点は、おおむね45℃以上である。
(3) ディーゼル油とも呼ばれている。
(4) 沸点は、水より高い。
(5) 蒸気は、空気より重い。

問題34 キシレンの性質として、次のうち誤っているものはどれか。
(1) 蒸気は空気より軽い。
(2) 消火には、泡、二酸化炭素による窒息消火が適している。
(3) 無色透明な揮発性を有する液体である。
(4) 水に溶けないが、アルコール、エーテルには溶ける。
(5) 比重は1より小さいので、水より軽い。

問題35 アルコール類の火災に消火剤として普通の泡が使用されない理由として、次のうち正しいものはどれか。
(1) 泡消火剤と化学反応を起こし、泡を消すから。
(2) 燃焼速度が速くなるから。
(3) 比重が泡より小さいため、泡が沈むから。
(4) 水に溶けやすいため、泡が破壊されるから。
(5) 発生する燃焼熱量が大きいため、泡が破壊されるから。

第5回 本試験型テスト 解答と解説

問題1 (5) (5)は規制の対象ではない。

問題2 (4) (1)完成検査が含まれていない。(2)、(3)着工するのは許可を受けた後。(5)完成検査の申請は、完成（工事完了）の後。

問題3 (1) 特殊引火物の性質として、水溶性・非水溶性の区別はされていない。指定数量について定める危険物の規制に関する政令別表第3の性質欄で、「水溶性」、「非水溶性」の区別がなされているのは、第4類危険物のうち第1〜第3石油類だけである。

問題4 (2) **販売取扱所**とは、店舗において容器入りのままで販売するための危険物を取り扱う取扱所のこと。指定数量の倍数が15以下の危険物を取り扱う**第1種販売取扱所**と、指定数量の倍数が15を超え40以下の危険物を取り扱う**第2種販売取扱所**がある。

問題5 (3) 指定数量は、ガソリン200L、灯油1,000L、重油2,000L、エチルアルコール400L。倍数はそれぞれ10、3、2、2であるから合計して17倍になる。

問題6 (2) 硫化リンは第2類、硝酸エステル類は第5類、ギヤー油は第4類、無機過酸化物は第1類の危険物である。

問題7 (3) (1)危険物が通過する管ではない。(2)無弁通気管に安全弁は不要。(4)地上4m以上の高さに出す。(5)注入管などとは独立して設ける。

問題8 (1) (2)2,000m²以下→1,000m²以下。(3)地盤面以下→地盤面以上。(4)屋根上に排出する設備を設ける。(5)灯油の場合は「火気厳禁」。

問題9 (5) eは、漏洩検査管。漏洩検査管は、タンクから危険物が漏れていないかを検査する管で、タンクの周囲に4か所以上設ける必要がある。

問題10 (5) 0.1m以上→0.5m以上。簡易タンク貯蔵所については、タンクの容量制限（600L以下）と、設置数（3基まで）が頻繁に問われるので、覚えておくこと。

問題11 (2) 危険物の規制に関する政令第11条第1項第15号により、液体の危険物（二硫化炭素を除く）の屋外貯蔵タンクの周囲には、危険物が漏れた場合にその流出を防止するための防油堤を設けなければならない。

問題12 (2) 危険物運搬車両に付ける【危】の標識の大きさは0.3m×0.3mである。

問題13 (4) 簡易貯蔵タンク1基の容量は6,000L以下ではなく、600L以下である。

問題14 (2) 40℃未満→40℃以上。移動貯蔵タンクから液体の危険物を容器に詰め替えることができるのは、手動開閉装置付きの注入ノズルにより、引火点40℃以上の危険物を詰め替える場合に限られている。

問題15 (3) (3)は、届出の義務違反であり罰則規定の適用は受けるが、使用停止命令の受命対象とはならない。

問題16 (5) **融解**……固体→液体。**凝固**……液体→固体。**蒸発**……液体→気体（表面）。**沸騰**……液体→気体（内部）。**凝縮**……気体→液体。**昇華**……固体⇄気体。

問題17 (1) 例えば、二硫化炭素とグリセリンの比重はともに1.3。どちらも同じ質量として、その容積を計量すれば同一になる。

問題18 (3) **異性体**とは、分子式が同じでも分子内の構造が異なり、性質が異なるものをいう。

問題19 (1) (1)は比熱の定義である。必ず覚えておくこと。

問題20 (2) **可燃性液体**は、その表面から蒸発した蒸気と空気が混合したものが燃焼する（**蒸発燃焼**）。第4類危険物に指定されているものはすべてこの蒸発燃焼を起こす。

問題21 (2) 与式は2molのメチルアルコールが完全燃焼するのに必要とする酸素量が3molであることを示している。題意により、32gすなわち1molのメチルアルコールの完全燃焼に要する酸素量は3÷2の1.5molで、その質量は酸素の分子量32gの1.5倍＝48gになる。

問題22 (4) 沸点は加圧すると高くなり、減圧すると低くなる。

問題23 (1) 消火剤としての水の長所は、①気化熱、比熱が大きく、冷却効果が高い、②入手しやすく、安価、③大規模災害にも有効、④人畜に無害。短所は、①電気火災では、感電を招く可能性がある、②油火災には通常使わない、③放水による損害が大きくなりがち。

問題24 (3) 第4類危険物のほとんどは比重が1より小さく水に溶けないため、水面に流出すると水面に薄く広がる。そのため、消火剤として水は使用しない。

問題25 (5) (1)は除去、(2)は窒息、(3)は冷却、(4)は窒息効果。

問題26 (1) 強酸化性物質の「物質」とは、液体または固体のことであるが、設問は「固体」だけに限定している。類別は第1類。

問題27 (2) 液体は熱により体積が膨張する。このため、容器に収納するときは若干の空間容積を残し、膨張による容器の破損を防止する。

問題28 (3) 可燃性蒸気が滞留し、空気と混合して燃焼範囲に達すれば、引火・爆発の危険が生じる。

問題29 (3) 酸素の濃度を15%以下にすれば消火できる。

問題30 (5) 液比重は、ジエチルエーテル0.71、二硫化炭素1.26。

問題31 (2) 無臭ではない。無色で特異臭があるが、自動車燃料用のガソリンはオレンジ色に着色されている。

問題32 (3) 引火点は、1気圧において250℃未満。

問題33 (1) 軽油は淡黄色または淡褐色。識別のため淡青色に着色されているのは、航空機用ガソリン。

問題34 (1) 蒸気は空気より重い。キシレンは無色透明の特異臭をもつ液体。水より軽く、水に不溶。蒸気比重は3.66。

問題35 (4) 化学泡および機械泡消火剤は水溶性のため、同じ溶解性をもつアルコール類のような危険物の消火剤としては不適合である。アルコール類の消火には、耐アルコール泡消火剤が使用される。

第6回 本試験型テスト

制限時間 120分　合格ライン 各分野60％以上の正解

解答と解説 → P.30

	危険物に関する法令	基礎的な物理学と化学	危険物の性質と火災予防・消火方法
	1回目　/15問　2回目　/15問	1回目　/10問　2回目　/10問	1回目　/10問　2回目　/10問

危険物に関する法令

問題1 次のうち、消防法に定める危険物に該当するものはどれか。
(1) プロパンガス　(2) 一酸化炭素　(3) 二酸化炭素　(4) 塩酸　(5) 硫黄

問題2 消防法に定める危険物の説明として、次のうち正しいものはどれか。
(1) 危険物は第1類酸化性固体、第4類引火性固体など6種類に分類されている。
(2) 危険物とは可燃性の液体、固体や気体をいう。
(3) 危険物とは法別表第一の品名欄に掲げる物品で、その区分に応じ、同表の性質欄に掲げる性状を有するものをいう。
(4) 危険物とは、消防法第2条第6項で定義されている。
(5) 消防法別表では、類別、性質、品目をすべて区分している。

問題3 販売取扱所についての説明で、次のうち正しいものはどれか。
(1) 店舗において容器入りのままで販売すること。ただし第4類の危険物は小分けして販売することができる。
(2) 第1種販売取扱所の用に供する部分について、壁やはりの構造規制はない。
(3) 第1種販売取扱所では、第4類の危険物のみ取り扱うことができる。
(4) 指定数量の倍数が15を超え40以下のものを第2種販売取扱所という。
(5) 指定数量の倍数が15以下のものを第2種販売取扱所という。

問題4 第4類危険物の指定数量の説明として、次のうち誤っているものはどれか。
(1) 第1石油類、第2石油類、第3石油類と第4石油類の指定数量の単位は、Lである。
(2) 第1石油類水溶性液体と第2石油類水溶性液体の指定数量は、それぞれの非水溶性液体の2倍である。
(3) 第4類の特殊引火物の指定数量は、第1類の第1種酸化性固体と同じ50Lである。
(4) 動植物油類の指定数量は10,000Lである。
(5) 第2石油類水溶性液体と第3石油類非水溶性液体の指定数量は、同じ2,000Lである。

問題5 製造所等の貯蔵タンクの最大容量として、次のうち誤っているものはどれか。
(1) 屋内タンク貯蔵所の屋内貯蔵タンク……………指定数量の40倍または20,000L
(2) 地下タンク貯蔵所の地下貯蔵タンク……………規定なし
(3) 簡易タンク貯蔵所の簡易貯蔵タンク……………6,000L
(4) 移動タンク貯蔵所の移動貯蔵タンク……………30,000L
(5) 給油取扱所の専用タンク………………………規定なし

問題6 製造所の基準について、誤っているものはどれか。
(1) 建築物には、採光・照明・換気の設備を設けること。
(2) 建築物は地階を有しないものであり、壁・柱・床・はり、および階段は不燃材料とすること。
(3) 静電気が発生するおそれのある設備には、接地等、静電気を有効に除去する装置を設けること。
(4) 可燃性蒸気等が滞留するおそれのある場合には、屋外の高所に排出する設備を設けること。
(5) 建築物の窓および出入り口には、ガラスを用いないこと。

問題7 製造所等の定期点検について、次のうち誤っているものはどれか。
(1) 点検は、原則として1年に1回以上実施しなければならない。
(2) 点検結果について、1年に1回、消防署長に報告する義務がある。
(3) 点検記録は、原則として3年間保存しなければならない。
(4) 危険物取扱者の立ち会いを受けた場合は、危険物取扱者以外の者でも点検を行うことができる。
(5) 危険物施設保安員は、定期点検を行うことができる。

問題8 次の製造所等のうち、保安距離を必要としないものはどれか。
(1) 製造所　(2) 屋内貯蔵所　(3) 屋外タンク貯蔵所　(4) 給油取扱所　(5) 一般取扱所

問題9 給油取扱所について、誤っているものはどれか。
(1) 給油取扱所は、学校・病院から30m以上離して設置する必要はない。
(2) 地下専用タンクを設けることができる。
(3) 給油取扱所には、給油に支障があると認められる設備を設けないこと。
(4) 灯油を容器に詰め替えるための固定注油設備を設ける場合は、詰め替え作業に必要な空地を給油空地内に保有すること。
(5) 給油取扱所の事務所等で火気を使用する場合は、漏れた可燃性蒸気が内部に流入しない構造とすること。

第6回 本試験型テスト

問題10 消火設備の区分として、誤っているものはどれか。
(1) 屋内消火栓設備……………………………………………第1種消火設備
(2) スプリンクラー設備………………………………………第2種消火設備
(3) 粉末消火設備および消火粉末を放射する大型消火器……第3種消火設備
(4) 泡を放射する大型消火器…………………………………第4種消火設備
(5) 膨張ひる石または膨張真珠岩……………………………第5種消火設備

問題11 警報設備について、誤っているものはどれか。
(1) 指定数量の倍数が10以上の危険物を貯蔵・取扱いを行う製造所等（移動タンク貯蔵所以外）は、警報設備を設置しなければならない。
(2) 屋内給油取扱所以外の給油取扱所には、自動火災報知設備を設置しなければならない。
(3) 拡声装置、警鐘、非常ベル装置は、警報設備に該当する。
(4) 消防機関に報知できる電話は、警報設備である。
(5) 自動火災報知設備は、警報設備である。

問題12 移動タンク貯蔵所の技術上の基準として、次のうち誤っているものはどれか。
(1) 貯蔵タンクの配管は、先端部に弁等を設けること。
(2) 貯蔵タンクの容量は30,000Ｌ以下とし、10,000Ｌ以下ごとに区切る間仕切り板を設けること。
(3) 貯蔵タンクには、見やすい箇所に危険物の類・品名および最大数量を表示し、また標識を掲げること。
(4) 貯蔵タンクの外面には、さび止めのための塗装を施すこと。
(5) ガソリン・ベンゼンその他静電気による災害が発生するおそれのある液体危険物の貯蔵タンクには、接地導線を設けること。

問題13 移動タンク貯蔵所による危険物の貯蔵・取扱いおよび移送について、次のうち誤っているものはどれか。
(1) 危険物の移送の際、乗車を義務付けられて乗車している危険物取扱者は、免状を携帯していなければならない。
(2) 乗車を義務付けられて乗車している危険物取扱者は、走行中に消防吏員から停止を命じられ、免状の提示を求められたら、これを提示しなければならない。
(3) 移動タンク貯蔵所には、完成検査済証、点検記録などを備え付けておかなければならない。
(4) 危険物を移送する場合には、移送する危険物を取り扱うことができる危険物取扱者が必ず乗車しなければならない。
(5) 危険物の移送に際しては、必ず移送経路、その他必要な事項を出発地の消防署に届け出なければならない。

問題14 製造所等において危険物を取り扱う場合に、技術上の基準の説明として、次のうち誤っているものはどれか。
(1) 製造の粉砕工程においては、危険物が付着した状態で機械器具を使用しないこと。
(2) 危険物を詰め替える場合は、規則別表第3及び第3の2で定める容器に収納するとともに防火上安全な場所で行うこと。
(3) 焼却する場合は、安全な場所で危害を及ぼさない方法で行い、必ず見張り人をつけること。
(4) 危険物は、海中や水中に流出または投下しないこと。
(5) 危険物のくず、かす等は1週間に1回以上、危険物の性質に応じ安全な場所及び方法で処理すること。

問題15 製造所等の許可の取消しに該当しないものは、次のうちどれか。
(1) 製造所の位置と構造を、無許可で変更したとき。
(2) 完成検査を受けないで屋内貯蔵所を使用したとき。
(3) 製造所に対する修理・改造命令に従わなかったとき。
(4) 給油取扱所の定期点検が実施されていないとき。
(5) 一般取扱所の予防規程が変更されていなかったとき。

基礎的な物理学及び基礎的な化学

問題16 物質の状態変化と熱の出入りについて、次のうち正しいものはどれか。
(1) 液体が気体に変わることを昇華といい、熱を放出する。
(2) 固体が液体に変わることを融解といい、熱を放出する。
(3) 気体が液体に変わることを凝縮（液化）といい、熱を吸収する。
(4) 液体が固体に変わることを融解といい、熱を放出する。
(5) 状態が変化するとき、吸収または放出される熱は、その物質の温度変化となって現れない。

問題17 物理変化であるもののみの組み合わせとして、次のうち正しいものはどれか。
A 鉄がさびて、ぼろぼろになった。　B エチルアルコールが青白い炎をあげて燃えた。
C 紙が濃硫酸にふれて黒くなった。　D ドライアイスを熱湯に投入したら、白い煙状のものが出た。
E ニクロム線に電流を通じたら赤く発熱した。
(1) A、B、C　(2) A、D、E　(3) C、D、E　(4) C、D　(5) D、E

第6回 本試験型テスト

問題18 融点−82℃、沸点80℃の物質がある。いま、1気圧のもとで、−20℃および85℃の温度における物質の状態として、次のうち正しいものはどれか。

	−20℃	85℃
(1)	液体	気体
(2)	固体	液体
(3)	固体	気体
(4)	液体	固体
(5)	液体	液体

問題19 熱容量の説明について、次のうち正しいものはどれか。
(1) 物質1gの比熱のことである。
(2) 容器の比熱のことである。
(3) 物体に4.186kJの熱を与えたときの温度上昇率のことである。
(4) 物体の温度を1℃だけ上昇させるのに必要な熱量である。
(5) 比熱に密度を乗じたものである。

問題20 0℃の気体を体積一定で加熱していったとき、圧力が2倍になる温度は、次のうちどれか。ただし、気体の体積は、温度が1℃上がるごとに0℃のときの体積の273分の1ずつ膨張する。
(1) 2℃　(2) 200℃　(3) 273℃　(4) 546℃　(5) 683℃

問題21 元素、化合物および混合物の組み合わせとして、次のうち正しいものはどれか。

	(元素)	(化合物)	(混合物)
(1)	水素	ガソリン	コンクリート
(2)	銀	軽油	炭素
(3)	エチルアルコール	硝酸銀	煙
(4)	硫酸	空気	セルロイド
(5)	酸素	アセトン	灯油

問題22 次の物質のうち、風解物質はどれか。
(1) 結晶炭酸ナトリウム　(2) 過酸化カリウム　(3) 過マンガン酸ナトリウム
(4) 塩素酸ナトリウム　(5) 硝酸ナトリウム

問題23 次の文章のA〜Cに当てはまる語句の組み合わせとして、正しいものはどれか。
「自然発火とは、他から点火源を与えないで、物質が常温の空気中で自然に（ A ）して、その熱が長時間にわたり（ B ）され、ついに（ C ）に達し、燃焼を起こすにいたる現象である。」

	A	B	C
(1)	吸収	放出	引火点
(2)	発熱	放出	発火点
(3)	発熱	蓄積	発火点
(4)	発熱	蓄積	引火点
(5)	吸収	蓄積	発火点

問題24 消火器は、その消火器がどのような火災に適応するかを明らかにするために、本体に円形のマークを表示しているが、油火災のマークの色として正しいものはどれか。
(1) 黄色　(2) 白色　(3) 赤色　(4) 青色　(5) 黒色

問題25 第4類危険物の火災に適さない消火器は、次のうちどれか。
(1) 粉末（ABC）消火器
(2) 泡消火器
(3) 強化液消火器（霧状に放射するもの）
(4) 霧状の水を放射する消火器
(5) 二酸化炭素消火器

危険物の性質並びにその火災予防及び消火の方法

問題26 次の文章の（　）内に当てはまる語句はどれか。
（　）は、空気にさらされることにより自然に発火する危険性を有し、または、水と接触して発火し、もしくは可燃性ガスを発生する。
(1) 第1類の危険物　(2) 第2類の危険物　(3) 第3類の危険物
(4) 第4類の危険物　(5) 第6類の危険物

第6回 本試験型テスト

問題27 第4類の危険物の一般的取扱いの注意事項として、次のうち正しいものはどれか。
(1) 蒸気の排出は、地表に向かって行うこと。
(2) 危険物が流出した場合は、液面が拡大しないように土盛り等による措置をし、自然に蒸発するのを待つ。
(3) 水に溶けない危険物を廃棄する場合は、大量の水に混ぜて下水に流すのがよい。
(4) 容器に詰める場合は、容器内の上部に空間があると漏れやすいので、空間を残さないようにいっぱいまで詰めて密栓する。
(5) 火気がなくても静電気が蓄積していると火花放電により引火することがあるので、静電気が蓄積しないようにあらかじめ対策をたてておく。

問題28 第4類危険物の火災に対する消火剤の説明として、次のうち不適当なものはどれか。
(1) 二酸化炭素消火剤は第4類危険物の火災に効果的である。
(2) 棒状の強化液消火剤は重油の火災に有効である。
(3) ガソリンの火災に粉末消火剤、軽油の火災に泡消火剤は効果的である。
(4) ハロゲン化物消火剤は動植物油類の火災に効果的である。
(5) 泡消火剤は、一般的には第4類危険物の火災に効果的である。

問題29 次の危険物のうち、燃焼範囲の上限界が最も高いものはどれか。
(1) 灯油　(2) ベンゼン　(3) ガソリン　(4) アセトアルデヒド　(5) 二硫化炭素

問題30 二硫化炭素は水没貯蔵しなければならないが、その理由として最も適当なものは、次のうちどれか。
(1) 不純物の混入を防ぐため。
(2) 可燃性蒸気の発生を防ぐため。
(3) 水と反応して安全な物質となるため。
(4) 火気との接触を避けるため。
(5) 直射日光を避けるため。

問題31 ガソリンの一般的性状について、次のA～Dのうち誤っているものの組み合わせはどれか。
A 蒸気は空気より重いので、床面に沿って低く滞留する。
B 揮発性が大きく、引火しやすい。
C 電気の良導体であり、静電気が発生しやすい。
D 燃焼範囲は、おおむね4.0～60％（容量）である。
(1) A、B　(2) A、D　(3) B、C　(4) B、D　(5) C、D

問題32 ガソリンを貯蔵していたタンクに灯油を入れるときは、タンク内のガソリンの蒸気を完全に除去してから入れなければならないが、その理由として正しいものはどれか。
(1) タンク内に充満していたガソリンの蒸気が灯油と混合して熱を発生し、発火することがあるから。
(2) タンク内のガソリンの蒸気が灯油と混合することにより、ガソリンの引火点が高くなるから。
(3) タンク内に充満していたガソリンの蒸気が灯油に吸収されて燃焼範囲の濃度に薄まり、かつ、灯油の流入で発生した静電気の火花で引火することがあるから。
(4) タンク内のガソリンの蒸気が灯油の蒸気と混合するとき発熱し、その熱で灯油の温度が高くなるから。
(5) タンク内のガソリンの蒸気が灯油と混合して、灯油の発火点が著しく低くなるから。

問題33 クレオソート油について、正しいものはどれか。
(1) 無色・無臭の液体である。　(2) 引火点は約100℃である。
(3) 発火点は200℃以下である。　(4) 水より軽い。
(5) エチルアルコールに溶けるが、水には溶けない。

問題34 メチルアルコールとエチルアルコールに共通する性質として、次のうち誤っているものはどれか。
(1) 蒸気比重は1より大きい。
(2) 引火点は、常温（20℃）以上である。
(3) 水よりも、沸点および凝固点が低い。
(4) 燃焼しても炎の色が淡いため認識しにくい。
(5) 無水クロム酸と接触すると、激しく反応し発火することがある。

問題35 石油類の貯蔵タンクを修理または清掃する場合の火災予防上の注意事項として、次のうち誤っているものはどれか。
(1) タンク内に残っている可燃性ガスを排出する。
(2) 残油などをタンクから引き出すときは、静電気の蓄積を防止するため、タンクおよび受器を接地する。
(3) タンク内に引火性蒸気が残留しているおそれのある場合は、安全な場所で引火性蒸気を除去した後、火花の発生しない工具を使用する。
(4) 洗浄のため水蒸気をタンク内に噴出させるときは、静電気の発生を防止するため、高圧で短時間に洗浄する。
(5) タンク内置換用のガスには、窒素・二酸化炭素等が用いられる。

第6回 本試験型テスト 解答と解説

問題1 (5) (1)〜(4)はいずれも消防法別表には掲げられていない。(5)の硫黄は、第2類危険物（可燃性固体）として消防法別表に掲げられている。

問題2 (3) (1)第4類は引火性液体。(2)気体は含まない。(4)第7項で定義されている。(5)品目ではなく品名で区分している。

問題3 (4) (1)のような規定はない。(2)「耐火構造」、「不燃材料」という構造規制がある。(3)第4類以外の危険物も取り扱うことができる。(5)第2種販売取扱所→第1種販売取扱所。

問題4 (3) 第1類の酸化性固体の指定数量の単位はkg。

問題5 (3) 6,000L→600L

問題6 (5) 網入りガラスであれば使用可。

問題7 (2) **定期点検**は原則的に1年に1回以上、危険物取扱者または危険物施設保安員が行わなければならない。ただし、危険物取扱者の立ち会いがあれば、危険物取扱者以外の者でも点検できる。**点検記録**は原則3年間は保管しなければならない。記録は保存だけで、消防署長等に報告の義務は課せられていない。

問題8 (4) 保安距離を必要とする製造所等は次のとおり。①製造所②屋内貯蔵所③屋外タンク貯蔵所④屋外貯蔵所⑤一般取扱所

問題9 (4) 灯油用固定注油設備は、給油空地（10m×6m）以外の場所に設けなければならない。

問題10 (3) 大型消火器は第4種消火設備に該当する。

問題11 (2) 屋内給油取扱所は、警報設備の設置対象として指定されており、自動火災報知設備を設けなければならない。(2)の記述は反対。

問題12 (2) 間仕切り板は4,000L以下ごと。

問題13 (5) 必ず届け出なければならないわけではない。移動タンク貯蔵所により危険物を移送する場合は、危険物移送時の遵守事項（消防法第16条の2）および移送の基準（危険物の規制に関する政令第30条の2）を守らなければならない。(5)の記述は、アルキルアルミニウム等を移送する場合にのみ該当。

問題14 (5) 危険物のくず、かす等は、1日に1回以上処理する。

問題15 (5) (5)は、予防規程の変更命令に該当し、許可の取消しの命令を受ける対象とはならない。(5)以外は、いずれも許可取消しに該当する。

問題16 (5) (1)昇華→気化、放出→吸収。(2)放出→吸収。(3)吸収→放出。(4)融解→凝固。

問題17 (5) A→化学変化、B→化学変化、C→化学変化、D→物理変化、E→物理変化。

問題18 (1) 三態に区分すると、固体〜−82℃〜液体〜80℃〜気体となり、−20℃では液体、85℃では気体となる。

問題19 (4) (4)は熱容量の定義。比熱との違いを確認しておくこと。「物質」でなく「物体」の温度を上昇させる熱量であることにも注意。

問題20 (3) ボイル・シャルルの法則からの与式 $V_0 \times P_0 / (t_0 + 273) = V_t \times P_t / (t + 273)$ に題意の条件 $t_0 = 0℃$と体積一定 → $V_0 = V_t$ と圧力が2倍 → $P_t = 2P_0$ を代入して整理する。$1/273 = 2/(t+273)$ → $t+273 = 2 \times 273$ → $t = 273℃$が得られる。

問題21 (5) 元素は、水素、炭素、銀、酸素。化合物は、エチルアルコール、硝酸銀、硫酸、アセトン。混合物は、ガソリン、コンクリート、軽油、煙、空気、セルロイド、灯油。

問題22 (1) 結晶水を含んだ物質を空気中に放置しておくことで、自然に結晶水の一部または全部を失う現象を**風解**といい、結晶炭酸ナトリウム、結晶硫酸ナトリウムなどがある。

問題23 (3) 動植物油類・乾性油の自然発火メカニズムに関する問題。動植物油類が染み込んだウエスなどは自然発火しやすい。

問題24 (1) 普通火災は白色、電気火災は青色である。

問題25 (4) 水は、棒状放射でも霧状放射でも第4類危険物の火災には適さない。ただし、第3種の「水噴霧設備装置」としては適合である。

問題26 (3) 第3類の危険物の性質は、自然発火性物質または禁水性物質である。

問題27 (5) 第4類危険物は引火性の蒸気を発生し、それが燃焼範囲にある場合、火源があれば引火する。したがって、火災予防には①引火性の蒸気を発生させないこと、②火気を近づけない、の2つが重要。(1)排出は屋外の高所へ。(2)乾燥砂等で吸着除去。(3)下水への放出は禁止。(4)上部に空間を残す。◆(4)容器への収納は、容器の内容積に対し液体で98％以下、固体で95％以下を目安とする。

問題28 (2) 重油の火災に適するのは、二酸化炭素・粉末・泡などの窒息作用のある消火剤である。ただし、霧状に放射する強化液の場合は抑制作用により、油火災にも適する。

問題29 (4) アセトアルデヒドの燃焼範囲の上限界は60.0％。(1)灯油は6.0％、(2)ベンゼンは7.8％、(3)ガソリンは7.6％、(5)二硫化炭素は50.0％である。

問題30 (2) 二硫化炭素は、蒸気も、燃焼ガスの亜硫酸ガスもともに有害であり、かつ引火点も−30℃と低いので、揮発させないための水中貯蔵が物性（水に不溶、比重1.26）を生かした最適な貯蔵法である。

問題31 (5) C 良導体→不良導体。D 4.0〜60％→1.4〜7.6％。ガソリンの蒸気比重は3〜4、引火点は−40℃以下である。

問題32 (3) 事故原因解明のための実験で確認された事実。容器の大小に関係なく発生する。

問題33 (5) (1)無色または暗緑色で特異臭がある。(2)引火点は79.3℃。(3)発火点は336.1℃。(4)水よりやや重い。

問題34 (2) メチルアルコールとエチルアルコールはよく出題されるので、比較して覚えておく。

問題35 (4) 高圧で水蒸気を噴出させると静電気が帯電しやすい。静電気の発生を防ぐためには、低圧で慎重に行うこと。

第7回 本試験型テスト

制限時間 120分　合格ライン 各分野60%以上の正解

解答と解説 ➡P.35

危険物に関する法令	基礎的な物理学と化学	危険物の性質と火災予防・消火方法
1回目 /15問　2回目 /15問	1回目 /10問　2回目 /10問	1回目 /10問　2回目 /10問

危険物に関する法令

問題1 消防法別表に示されている危険物の性質として、次のうち誤っているものはどれか。
(1) 第1類危険物は、酸化性固体である。
(2) 第2類危険物は、可燃性固体である。
(3) 第4類危険物は、引火性固体である。
(4) 第5類危険物は、自己反応性物質である。
(5) 第6類危険物は、酸化性液体である。

問題2 第4類危険物の指定数量の説明として、次のうち誤っているものはどれか。
(1) 第1石油類、第2石油類および第3石油類の水溶性、非水溶性物品では、指定数量が異なる。
(2) 第2石油類の水溶性物品と第3石油類の非水溶性物品の指定数量は同一である。
(3) 第1石油類の水溶性物品とアルコール類の指定数量は同一である。
(4) 特殊引火物と第1石油類の指定数量は同一である。
(5) 第4石油類と動植物油類では、指定数量が異なる。

問題3 第4類危険物を取り扱う一般取扱所の基準について、次のうち誤っているものはどれか。
(1) 小学校から20m以上の保安距離を確保すること。
(2) 静電気の発生するおそれのある設備には、当該設備に蓄積される静電気を有効に除去する装置を設けること。
(3) 屋根は軽量な不燃材料でふくこと。
(4) 壁・柱・床・はりおよび階段は不燃材料で造り、延焼のおそれがある外壁を出入り口以外の開口部を有しない耐火構造とすること。
(5) 指定数量の倍数が10以上の危険物を取り扱う場合には、避雷設備を設けること。

問題4 製造所等における定期点検について、次のうち誤っているものはどれか。
(1) 製造所等の所有者・管理者または占有者は、定期点検記録を作成し、これを保存しなければならない。
(2) 定期点検は、消防法第10条第4項の技術上の基準に適合しているかどうかについて行わなければならない。
(3) 丙種危険物取扱者は、定期点検を行うことができない。
(4) 危険物施設保安員は、定期点検を行うことができる。
(5) 危険物取扱者の立ち会いを受けたときは、危険物取扱者以外の者でも定期点検を行うことができる。

問題5 次のうち、定期点検を義務付けられていない製造所等はいくつあるか。
屋内タンク貯蔵所、移動タンク貯蔵所、簡易タンク貯蔵所、地下タンクを有する製造所、地下タンクを有する給油取扱所、第2種販売取扱所
(1) 1つ　(2) 2つ　(3) 3つ　(4) 4つ　(5) 5つ

問題6 第1種販売取扱所の基準について、誤っているものはどれか。
(1) 店舗部分のはりは不燃材料で造らなければならない。
(2) 天井を設ける場合は、天井を不燃材料で造らなければならない。
(3) 店舗部分とその他の部分との隔壁は、耐火構造としなければならない。
(4) 窓および出入り口にガラスを用いる場合は、網入りガラスとしなければならない。
(5) 店舗は、平屋建ての建築物に設けなければならない。

問題7 下図に示す屋外タンク貯蔵所の屋外貯蔵タンクの周囲に設ける防油堤の最小容量として、正しいものはどれか。
(1) 280kL
(2) 500kL
(3) 550kL
(4) 800kL
(5) 880kL

ガソリン 500 kL　灯油 300 kL　防油堤

問題8 次のうち、予防規程を定めなくてもよいとされている製造所等はどれか。
(1) 指定数量の倍数が10以上の製造所。
(2) 指定数量の倍数が150以上の屋内貯蔵所。
(3) 指定数量の倍数が150以上の移送取扱所。
(4) 指定数量の倍数が200以上の屋内タンク貯蔵所。
(5) 指定数量の倍数が200以上の屋外タンク貯蔵所。

第7回 本試験型テスト

問題9 危険物施設の設置から使用開始までの手続きとして、次のうち誤っているものはどれか。
(1) 製造所を設置する場合は、許可を受けなければならない。
(2) 給油取扱所を設置した場合は、完成検査を受けなければならない。
(3) 第4類危険物の屋内貯蔵所を設置する場合は、完成検査前検査を受けなければならない。
(4) 第4類危険物の屋外タンク貯蔵所を設置する場合は、完成検査前検査を受けなければならない。
(5) 屋内タンク貯蔵所を設置する場合は、完成検査を受ける前の仮使用承認申請はできない。

問題10 給油取扱所における取扱いの基準として、誤っているものはどれか。
(1) 給油するときは、自動車等のエンジンを停止させる。
(2) 給油するときは、固定給油設備を使用して直接給油する。
(3) 給油するときは、給油空地から自動車等をはみ出さない。
(4) 移動タンク貯蔵所から専用タンクに危険物を注入しているときは、いかなる安全対策を講じていても固定給油設備を使用することはできない。
(5) 給油業務が行われていないときは、係員以外の者を出入りさせないための措置を講じる。

問題11 給油取扱所に設置する固定給油設備等の基準として、次のうち誤っているものはどれか。
(1) ガソリンのポンプ最大吐出量は毎分50L以下とする。
(2) メタノール（メチルアルコール）のポンプ最大吐出量は毎分60L以下とする。
(3) 軽油のポンプ最大吐出量は毎分180L以下とする。
(4) 灯油のポンプ最大吐出量は原則として毎分60L以下とする。
(5) 給油ホースの直近の位置に、取り扱う危険物の品目を表示する。

問題12 次の消火設備のうち、電気火災に適応する設備はどれか。
(1) 棒状の水を放射する消火器　(2) 泡を放射する消火器　(3) スプリンクラー設備
(4) 二酸化炭素を放射する消火器　(5) 泡消火設備

問題13 危険物を車両で運搬する方法で、次のうち正しいものはどれか。
(1) 運搬容器の外部には、危険物の品名のみを表示すればよい。
(2) 第3類の危険物と第4類の危険物は混載できない。
(3) 指定数量以上の危険物を運搬するときであっても、消火器の積載は必要ない。
(4) 運搬容器の材質・構造・最大容量は特に定められていない。
(5) 運搬容器は、収納口を上方に向けて積載しなければならない。

問題14 次のうち、避難設備（誘導灯）の設置が義務付けられている製造所等に該当するものはどれか。
(1) 屋内貯蔵所　(2) 地下タンク貯蔵所　(3) 給油取扱所
(4) 販売取扱所　(5) 一般取扱所

問題15 消防吏員または警察官が命じることができるものはどれか。
(1) 許可を受けないで指定数量以上の危険物を取り扱っている者に対し、その危険物の除去。
(2) 走行中の移動タンク貯蔵所の停止。
(3) 製造所等で許可を受けている危険物以外の危険物の貯蔵に対し、その撤去。
(4) 保安講習未受講者に対する免状の返納。
(5) 位置・構造または設備が技術基準に不適合のとき、その修理・移転・改造。

基礎的な物理学及び基礎的な化学

問題16 物質の三態についての説明で、次のうち誤っているものはどれか。
(1) 固体が液体に変化することを氷解という。
(2) 液体が気体に変化することを蒸発という。
(3) 固体から気体に直接変化することを昇華という。
(4) 液体から固体に変化することを凝固という。
(5) 気体が液体に変化することを凝縮という。

問題17 次のうち、物理変化はどれか。
(1) 水を電気分解すると、水素と酸素になった。
(2) ドライアイスが、常温常圧で二酸化炭素になった。
(3) 木炭が燃えて、二酸化炭素になった。
(4) アルコールを燃やしたら、二酸化炭素と水が生じた。
(5) 鉄を空気中に放置したら、赤さびができた。

問題18 比重についての説明として、次のうち誤っているものはどれか。
(1) 水の比重は、4℃のときが最も大きい。
(2) 氷の比重は、1より小さい。
(3) ガソリンが水に浮かぶのは、ガソリンが水に不溶で、かつ比重が1より小さいからである。
(4) 第4類の危険物の蒸気比重は、一般に1より小さい。
(5) 物質の蒸気比重は、分子量の大小で判断できる。

第7回 本試験型テスト

問題19 圧力3.0気圧の酸素が入っている容積500mLの容器に圧力4.0気圧の窒素250mLを加えたとき、容器内の混合気体の圧力は、次のうちどれか。ただし、気体の温度に変化がないものとする。
(1) 5.0気圧　(2) 3.5気圧　(3) 4.0気圧
(4) 6.0気圧　(5) 7.0気圧

問題20 次の物質は元素、化合物、混合物を記したものであるが、組み合わせのうち混合物のみのものはどれか。
(1) 硫黄、エタノール、ベンゼン　(2) アルコール、ガソリン、牛乳
(3) 食塩、水、アセトン　(4) ガソリン、空気、軽油
(5) アンモニア、灯油、水素

問題21 化学変化に伴う反応熱の説明として、次のうち誤っているものはどれか。
(1) 燃焼熱とは、物質の単位質量が完全に燃焼したときに発生する熱量をいう。
(2) 生成熱とは、化合物の単位質量が、その成分元素の単体から生成するときに発生または吸収する熱量をいう。
(3) 分解熱とは、化合物の単位質量が、その成分元素に分解するときに発生または吸収する熱量をいう。
(4) 中和熱とは、物質の単位質量が化学反応したときに吸収する熱量をいう。
(5) 溶解熱とは、物質の単位質量を多量に溶媒に溶かすときに発生または吸収する熱量をいう。

問題22 下記の熱化学方程式に関する記述のうち、誤っているものはどれか。ただし、原子量は水素（H）1、酸素（O）16とする。

$2H_2$（気体）＋ O_2（気体）＝ $2H_2O$（気体）＋ 486kJ

(1) 水素2molと酸素1molが反応して、水蒸気2molができる反応である。
(2) 水素4gと酸素32gとが反応して、水蒸気36gができる反応である。
(3) この反応の結果、生成した水蒸気が液体となるときは、一定量の熱が放出される。
(4) 水素が燃焼すると、水素1mol当たり243kJの発熱がある。
(5) 標準状態（0℃・1気圧）において、水素44.8Lと酸素22.4Lの混合気体に点火すると、その合計体積の67.2Lの水蒸気が発生する。

問題23 次の文章の（　）内のAおよびBにあてはまる語句の組み合わせとして、正しいものはどれか。
「可燃性液体は、その蒸気が空気とある濃度の範囲内に混合している場合にのみ燃焼する。この濃度範囲を（A）という。また、この（A）の下限の濃度の蒸気を発生するときの液体の温度を（B）といい、その濃度になると炎や火花を近づけると燃焼する。」

	A	B
(1)	燃焼温度	燃焼点
(2)	燃焼上限界	発火点
(3)	燃焼下限界	引火点
(4)	燃焼範囲	引火点
(5)	燃焼範囲	発火点

問題24 消火器の消火剤についての説明で、次のうち誤っているものはどれか。
(1) 酸・アルカリ消火器の主成分は、炭酸水素ナトリウムと硫酸である。
(2) 粉末（Na）消火器の主成分は、炭酸水素ナトリウム粉末で、窒素ガスなどの圧力で放射する。
(3) ハロゲン化物消火器の成分は、ハロゲン元素の単体である。
(4) 二酸化炭素消火器は、ボンベの中に液化二酸化炭素が入っている。
(5) 化学泡消火器の主成分は、炭酸水素ナトリウムと硫酸アルミニウムである。

問題25 第5類危険物の火災に適さない消火器は、次のうちどれか。
(1) 泡消火器
(2) 霧状の水を放射する消火器
(3) 霧状の強化液を放射する消火器
(4) 棒状の水を放射する消火器
(5) 消火粉末を放射する消火器

危険物の性質並びにその火災予防及び消火の方法

問題26 第4類の危険物の性質・性状について、正しい説明はどれか。
(1) 液体であって酸化性の性質をもち、そのもの自体は燃焼しない。
(2) 液体であって引火性を有する。
(3) 固体であって比較的低温で引火しやすい。
(4) 固体であって酸化性の性質をもち、そのもの自体は燃焼しない。
(5) 液体または固体であって自己反応性を有する物質である。

第7回 本試験型テスト

問題27 第4類の危険物の消火方法として一般に用いられる方法で、次のうち最も適当なものはどれか。
(1) 水で希釈し、可燃性蒸気の発生を抑制する。
(2) 発生する可燃性蒸気を除去する。
(3) 可燃性蒸気を燃焼範囲以下に希釈する。
(4) 空気との接触を遮断する。
(5) 液温を引火点以下に冷却する。

問題28 第4類の危険物の性質として、正しいものはどれか。
(1) 一般に電気伝導が小さいので、静電気が蓄積しにくい。
(2) 一般に電気伝導が大きいので、蓄熱し、自然発火しやすい。
(3) 蒸気は一般に空気より軽いので、放散しやすい。
(4) 水溶性のものは、注水して希釈すると引火点が下がる。
(5) 一般に沸点の低いものは、引火の危険が高い。

問題29 次の危険物の引火点と燃焼範囲からみて、最も危険性の大きいものはどれか。

	物品名	引火点	燃焼範囲
(1)	ベンゼン	−10℃	1.3～7.1%
(2)	ガソリン	−40℃以下	1.4～7.6%
(3)	ジエチルエーテル	−45℃	1.9～36%
(4)	エチルアルコール	13℃	3.3～19%
(5)	アセトン	−20℃	2.15～13%

問題30 アセトアルデヒドの性質について、次のうち誤っているものはどれか。
(1) 沸点は常温（20℃）に近く、極めて揮発性が高い。
(2) 空気に触れると、直ちに発火する危険性の大きい物質である。
(3) 引火点は、約−39℃である。
(4) 水と任意の割合で溶ける物質である。
(5) 燃焼範囲は、おおむね4.0～60%（容量）と広い。

問題31 ガソリンの取扱い上の注意事項について、次のうち正しいものはどれか。
(1) 風の強いときは、蒸気が低所に滞留しやすいので注意する。
(2) 揮発しやすいので、火気を取り扱っている場所よりも高いところで取り扱うのが安全である。
(3) 気温が0℃以下の場合でも、火気を近づけないようにする。
(4) 火気の風上で取り扱うのが、原則である。
(5) 火気の風下で取り扱うのは、極めて危険である。

問題32 自動車ガソリンの性状についての説明で、次のうち誤っているものはどれか。
(1) 引火点・発火点ともに灯油より低い。
(2) 蒸気比重は3～4である。
(3) 引火点は、一般に−40℃である。
(4) 燃焼範囲は、ジエチルエーテルより狭い。
(5) 比重は、重油より小さい。

問題33 アセトアルデヒドの説明について、次のうち誤っているものはどれか。
(1) 特殊引火物である。
(2) 沸点は20℃と低く、揮発性で引火しやすい。
(3) 熱または光で分解すると、メタンと二酸化炭素になる。
(4) 燃焼範囲は4.0～60.0%と広い。
(5) 酸化すると酢酸になる。

問題34 クレオソート油の説明について、次のうち誤っているものはどれか。
(1) 水には溶けないが、アルコール、ベンゼン等には溶ける。
(2) 引火点は70℃以上である。
(3) 比重は1.0以上である。
(4) 黄色または暗緑色の液体で、無臭である。
(5) 人体に対して毒性が強い。

問題35 次の文の下線部A～Eのうち、誤っているものはどれか。

　重油はA黒褐色の液体で、引火点はB約60℃以上、比重は水よりC小さい。引火点が比較的高いため、容易に引火しないが、Dいったん燃えると消火にしにくい。また、消火方法としては、E注水により液温を引火点以下に下げるのが最もよい。
(1) A　　(2) B　　(3) C　　(4) D　　(5) E

第7回 本試験型テスト 解答と解説

問題1 (3) 引火性固体→引火性液体。第2類危険物の「引火性固体」と混同しないように注意。

問題2 (4) 特殊引火物の指定数量は50L。これに対して第1石油類の指定数量は、非水溶性液体が200L、水溶性液体が400L。

問題3 (1) 20m以上→30m以上。保安距離は劇場、学校、病院等から30m以上確保しなければならない。

問題4 (3) 丙種危険物取扱者も定期点検を行うことができる。定期点検の実施可能者は、①危険物取扱者（甲・乙・丙）②危険物施設保安員③危険物取扱者の立ち会いを受けた者。

問題5 (3) 屋内タンク貯蔵所、簡易タンク貯蔵所、販売取扱所については、定期点検を義務付けられていない。

問題6 (5) 平屋建て以外の建築物にも設けることができる。

問題7 (3) 屋外貯蔵タンクの周囲に設ける防油堤の容量は、タンク容量（2つ以上のタンクがある場合、最大容量をもつタンクの容量）の110％以上。したがってガソリンを貯蔵する容量500kLタンクの110％（550kL）が最小容量となる。※20号防油堤とは容量の計算基準が違うので注意。

問題8 (4) 屋内タンク貯蔵所は含まれていない。

問題9 (3) 完成検査前検査を受けなければならないのは、液体危険物タンクを設ける場合（一部対象外もある）。◆(5)仮使用は、施設を変更する場合にのみ承認申請できる。

問題10 (4) 給油取扱所における取扱いの基準により、移動タンク貯蔵所から給油取扱所の専用タンクに危険物を注入するときは、固定給油設備および固定注油設備のノズルに満量停止措置を設けるなどの安全対策を講じていれば、固定給油設備を使用できる。

問題11 (2) 毎分60L以下→毎分50L以下。

問題12 (4) (1)の棒状の水を放射する消火器は不適応だが、「霧状の水を放射する消火器」は適応する。

問題13 (5) (1)数量、注意事項、危険等級および化学名も表示。(2)混載できる。(3)指定数量以上を運搬する場合は、消火設備を設置する。(4)すべて細かく決められている。

問題14 (3) 給油取扱所に付帯して店舗・飲食店・展示場が設けられているもの、屋内給油取扱所のうち避難口が設けられているものについては、避難設備として誘導灯を設けなければならない。

問題15 (2) (1)(3)(4)(5)は、市町村長等が発令する命令の対象。消防吏員または警察官は、必要に応じて走行中の移動タンク貯蔵所を停止させ、乗車している危険物取扱者に、免状の提示を求めることができる。

問題16 (1) 氷解→融解。固体が液体に変化する物理用語は、**融解**である。(2)蒸発は**気化**ともいう。(5)凝縮は、**液化**ともいう。

問題17 (2) **物理変化**とは、物質そのものの本質は変化せず、状態だけが変化すること。これに対して、まったく性質の異なる物質に変化することを**化学変化**という。(1)、(3)〜(5)は化学変化。

問題18 (4) 1より小さい→1より大きい。第4類危険物中、蒸気比重が最小の物品はメチルアルコールの1.1。

問題19 (1) $P_0 \times V_0 + P_n \times V_n = P_m \times V_m$ の式に数値を代入し、$3 \times 500 + 4 \times 250 = P_m \times 500$ → P_m を求めると5気圧になる。

問題20 (4) 混合物は、空気、ガソリン、軽油、灯油。

問題21 (4) **中和熱**とは、酸と塩基の単位質量が中和して、水が1モル生成されるときの熱量をいう。

問題22 (5) 標準状態下の酸素1mol（22.4L）と水素2mol（44.8L）を反応させると3molの水蒸気（67.2L）が生成されるとしているが、生成される水蒸気は2molの44.8Lなので誤り。

問題23 (4) 引火が起こりうる蒸気の濃度範囲を**燃焼範囲**という。

問題24 (3) 消火剤に使用されているハロゲン元素は、F（フッ素）、Cl（塩基）、Br（臭素）。単体でも消火能力はあるが、一般にハロゲン化物は炭化水素との化合物である。この種の消火剤は、大気汚染またはオゾン層破壊等の理由で使用が減少している。

問題25 (5) 自己反応性物質の性質をもつ第5類危険物に適さない消火器としては、消火粉末を放射する消火器のほかに、二酸化炭素を放射する消火器、ハロゲン化物を放射する消火器がある。

問題26 (2) (1)は第6類、(3)は第2類、(4)は第1類、(5)は第5類危険物の性状を示す記述。

問題27 (4) 第4類危険物の一般的な消火方法は**窒息消火**である。

問題28 (5) (1)静電気が蓄積しやすい。(2)電気伝導と自然発火は関連しない。(3)蒸気は空気より重い。(4)注水による希釈は、可燃性蒸気の濃度を燃焼下限値以下に下げる効果がある。

問題29 (3) 第4類の危険物を危険性で比較すると、引火点が低いほど、かつ燃焼範囲が広いものほど危険である。

問題30 (2) アセトアルデヒドは、沸点20℃と強い揮発性を有し、水にも溶ける。だが、水・空気に触れても化学反応はしない（もし反応すれば第3類に該当し、第4類からは外れる）。

問題31 (3) (1)風の強いときは蒸気は滞留しない。(2)高いところ→低いところ。(4)風上→風下。(5)風下→風上。◆ガソリン取扱い上の注意事項としては次のとおり。・火気を近づけない。・火花を発する器具類を使用しない。・通風、換気をよくする。・風下の火気に注意。・冷所に貯蔵する。・容器は密栓する。・川、下水溝に流出させない。・静電気の蓄積を防ぐ。

問題32 (1) 発火点は灯油より高い。

問題33 (3) 熱や光で分解すると、一酸化炭素とメタンになる。

問題34 (4) クレオソート油には特異臭がある。加熱しない限り引火する危険性は少ないが、霧状になったものは引火点（73.9℃）以下でも危険である。蒸気は人体に有害である。

問題35 (5) 重油の燃焼が盛んになると油面が沸騰する。このため、いかなる消火剤も気化排除されて効果が出ない。もっぱら大量投入による消火となる。

第8回 本試験型テスト

制限時間 120分　合格ライン 各分野60％以上の正解

解答と解説 ➡P.40

	危険物に関する法令	基礎的な物理学と化学	危険物の性質と火災予防・消火方法
	1回目 /15問　2回目 /15問	1回目 /10問　2回目 /10問	1回目 /10問　2回目 /10問

危険物に関する法令

問題1 次の（　）に該当する語句として正しいものはどれか。
「第2石油類とは、灯油、軽油その他1気圧において引火点が（　）のものをいい、組成等を勘案して総務省令で定めるものを除く。」
(1) －20℃以下
(2) 21℃未満
(3) 21℃以下
(4) 21℃以上70℃未満
(5) 70℃以上200℃未満

問題2 それぞれ異なる危険物A、B、Cを同一の場所で貯蔵する場合、指定数量の倍数の計算式として次のうち正しいものはどれか。

(1) $\dfrac{Aの貯蔵量}{Aの指定数量} \times \dfrac{Bの貯蔵量}{Bの指定数量} \times \dfrac{Cの貯蔵量}{Cの指定数量}$

(2) $\dfrac{Aの指定数量}{Aの貯蔵量} + \dfrac{Bの指定数量}{Bの貯蔵量} + \dfrac{Cの指定数量}{Cの貯蔵量}$

(3) $\dfrac{Aの貯蔵量}{Aの指定数量} + \dfrac{Bの貯蔵量}{Bの指定数量} + \dfrac{Cの貯蔵量}{Cの指定数量}$

(4) $\dfrac{Aの貯蔵量 + Bの貯蔵量 + Cの貯蔵量}{Aの指定数量 + Bの指定数量 + Cの指定数量}$

(5) $\dfrac{Aの貯蔵量 + Bの貯蔵量 + Cの貯蔵量}{Aの指定数量 \times Bの指定数量 \times Cの指定数量}$

問題3 危険物取扱者と、取り扱うことができる主な危険物との組み合わせとして、次のうち誤っているものはどれか。
(1) 甲種危険物取扱者……………硫化リン・硫黄・ニトロ化合物・特殊引火物・硝酸
(2) 乙種第4類危険物取扱者……特殊引火物・第1石油類・動植物油類
(3) 乙種第3類危険物取扱者……カリウム・黄リン
(4) 乙種第2類危険物取扱者……鉄粉・赤リン・硫黄
(5) 丙種危険物取扱者……………ガソリン・アルコール類

問題4 予防規程について、次のうち正しいものはどれか。
(1) 予防規程を定めたときは、市町村長等の承認を受けなければならない。
(2) 予防規程を定めたときは、市町村長等の許可を受けなければならない。
(3) 予防規程を変更したときは、市町村長等の認可を受けなければならない。
(4) 予防規程を変更したときは、市町村長等の許可を受けなければならない。
(5) 予防規程を定めたときは、消防署長に届け出なければならない。

問題5 消防法・同施行令・同施行規則・危険物の規制に関する政令・危険物の規制に関する規則における危険物の規制について、次のうち誤っているものはどれか。
(1) 危険物の貯蔵、取扱いは、指定数量未満でも市町村条例で規制されている。
(2) 危険物施設は、製造所、貯蔵所、取扱所の3つに区分されている。
(3) 危険物の運搬は、数量に関係なく消防法、政令、規則及び告示において技術上の基準が定められている。
(4) 航空機、船舶、鉄道、または軌道による危険物の貯蔵、運搬及び取扱いの場合も規制されている。
(5) 製造所等を設置しようとする者は、市町村長等の許可を受ける必要がある。

問題6 屋外貯蔵所の基準について、次のうち誤っているものはどれか。
(1) 屋外貯蔵所は、湿潤でなく、排水のよい場所に設置すること。
(2) 危険物を貯蔵し、または取り扱う場所の周囲には、柵等を設けて明確に区画すること。
(3) 架台を設ける場合は、不燃材料で造り、堅固な地盤面に固定すること。
(4) 架台を設ける場合は、高さを2m未満にすること。
(5) 塊状の硫黄等のみを地盤面に設けた囲いの内側に貯蔵する場合、1つの囲いの内部の面積は100m²以下であること。

第8回 本試験型テスト

問題7 移動タンク貯蔵所の技術上の基準について、a～cに適合する数値の組み合わせとして正しいものはどれか。

「移動貯蔵タンクの容量は（a）以下とし、かつその内部に（b）以下ごとに完全な間仕切りを厚さ（c）以上の鋼板またはこれと同等以上の機械的性質を有する材料で設けること。」

	a	b	c
(1)	20,000 L	2,000 L	1.6mm
(2)	20,000 L	2,000 L	3.2mm
(3)	30,000 L	4,000 L	3.2mm
(4)	30,000 L	4,000 L	2.3mm
(5)	30,000 L	2,000 L	3.2mm

問題8 法令上、顧客自らが給油を行うセルフ型スタンドの給油取扱所において、ハイオクガソリンを取り扱うために顧客が使用する顧客用固定給油設備に彩色を施す場合の色として、次のうち正しいものはどれか。

(1) 赤色　(2) 青色
(3) 白色　(4) 緑色
(5) 黄色

問題9 給油取扱所について、次のうち誤っているものはどれか。

(1) 給油取扱所には、給油のための固定給油設備に接続する地下専用タンク以外は、危険物を取り扱うタンクを設けないこと。
(2) 給油取扱所には、事務所そのほか取扱所の業務を行うのに必要な建築物以外の建築物を設けないこと。
(3) 固定給油設備は、敷地境界線から2m以上の間隔を保つこと。
(4) 給油取扱所には、自動車等が出入りするための間口10m以上、奥行6m以上の空地を保有すること。
(5) 給油取扱所には、「給油中エンジン停止」の掲示板を掲げること。

問題10 次の製造所等のうち、保有空地の確保を必要としないものはどれか。

(1) 製造所　(2) 屋内貯蔵所
(3) 屋外タンク貯蔵所　(4) 屋内タンク貯蔵所
(5) 屋外貯蔵所

問題11 屋内給油取扱所の基準について、次のうち誤っているものはどれか。

(1) 専用タンクには、危険物の過剰な注入を自動的に防止する設備を設けること。
(2) 建築物の屋内給油取扱所の用に供する部分には、可燃性蒸気が滞留するおそれのある穴やくぼみ等を設けないこと。
(3) 建築物の屋内給油取扱所の用に供する部分の1階の二方には、壁を設けないこと。
(4) 建築物の屋内給油取扱所の用に供する部分の窓および出入り口には、防火設備を設けること。
(5) 建築物の屋内給油取扱所の用に供する部分の上部に上階がない場合でも、屋根は必ず耐火構造とすること。

問題12 危険物を廃棄するときの基準として、次のうち正しいものはどれか。

(1) 見張人をつけたときは、河川に流してもよい。
(2) 見張人をつけたときは、いずれの場所でも焼却することができる。
(3) 海中であれば、そのまま流すことができる。
(4) 安全な場所で、見張人をつければ焼却することができる。
(5) 安全な場所であれば、見張人をつけなくても焼却することができる。

問題13 移動タンク貯蔵所によるベンゼンの移送・取扱いについて、次のうち正しいものはどれか。

(1) 甲種・乙種第4類または丙種危険物取扱者が同乗すること。
(2) 完成検査済証は、紛失防止のため事務所で保管すること。
(3) 夜間に限り、車両の前後に定められた標識を表示すること。
(4) 移動貯蔵タンクから他のタンクに危険物を注入するときは、原動機を停止させること。
(5) 移送中に危険物が漏れたときは、速やかに目的地に到着するよう努めること。

問題14 危険物を車両で運搬する場合の基準について、次のうち誤っているものはどれか。

(1) 指定数量以上の危険物を運搬する場合は、その危険物に適応する消火器を備えなければならない。
(2) 運搬容器および包装の外部に危険物の品名・数量等を表示して積載しなければならない。
(3) 指定数量以上の危険物を運搬する場合は、危険物取扱者が同乗しなければならない。
(4) 第4類の危険物のうち特殊引火物を運搬する場合には、日光の直射を避けるため遮光性の被覆をすること。
(5) 指定数量以上の危険物を車両で運搬する場合には、当該車両に標識を掲げなければならない。

問題15 製造所等の掲示板に表示する事項として、次のうち誤っているものはどれか。

(1) 危険物の品名　(2) 危険物の類別
(3) 危険物の指定数量の倍数　(4) 危険物の貯蔵最大数量または取扱い最大数量
(5) 危険物施設保安員の氏名または職名

第8回 本試験型テスト

基礎的な物理学及び基礎的な化学

問題16 水の性質の説明として、次のうち誤っているものはどれか。
(1) 水には氷・水・水蒸気の三態がある。
(2) 凝固して氷になるとき体積は増し、比重（密度）も増す。
(3) 4℃で体積が最小となり、比重（密度）は最大となる。
(4) 水の気化熱は大きく、消火に使われる。
(5) 水を電気分解すると、酸素と水素になる。

問題17 沸騰と沸点に関する説明で、次のうち正しいものはどれか。
(1) 可燃性液体の沸点は、すべて100℃より低い。
(2) 水の沸点は、外気圧に関係なく常に100℃である。
(3) 水に砂糖を溶かすと、沸点は100℃より低くなる。
(4) 外気圧を高くすると、その液体の沸点は低くなる。
(5) 沸騰は、その液体の蒸気圧と外気圧が等しくなったときに起こる。

問題18 酸化反応に該当するものはどれか。
(1) 水を加熱すると水蒸気になる。
(2) ドライアイスが昇華すると二酸化炭素になる。
(3) 木炭が燃焼すると一酸化炭素になる。
(4) 黄リンを加熱すると赤リンになる。
(5) 濃硝酸を水で希釈すると希硝酸になる。

問題19 次の水溶液のうち、アルカリ性を示しているもので、かつ、中性に最も近いものはどれか。
(1) pH＝9.0の水溶液
(2) pH＝8.3の水溶液
(3) pH＝7.1の水溶液
(4) pH＝4.5の水溶液
(5) pH＝3.3の水溶液

問題20 下記の文中（　）内に適する語句の組み合わせとして、次のうち正しいものはどれか。
金属棒の一端を熱すると他端の温度も次第に上がってくる。この熱の伝わり方を（ A ）といい、太陽熱によって地球が温められるのは（ B ）である。また水の入ったやかんの底を熱すると、その熱が（ C ）によって水に伝わり、さらに（ D ）によってやかんの中の水全体の温度が上がる。

	A	B	C	D
(1)	伝導	放射（ふく射）	伝導	対流
(2)	対流	伝導	放射（ふく射）	伝導
(3)	放射（ふく射）	伝導	対流	放射（ふく射）
(4)	伝導	対流	放射（ふく射）	伝導
(5)	放射（ふく射）	放射（ふく射）	伝導	対流

問題21 静電気災害を防止する対策として、次のうち誤っているものはどれか。
(1) 湿度を低くし、乾燥させる。
(2) 空気をイオン化する。
(3) 危険物の流速を制限する。
(4) 接地（アース）をとる。
(5) 容器や配管は、伝導性の高いものを使う。

問題22 「すべての気体は、同温・同圧において同体積内に同数の分子を含む。」この法則は次のうちどれか。
(1) ボイル・シャルルの法則
(2) アボガドロの法則
(3) 定比例の法則
(4) 倍数比例の法則
(5) 気体反応の法則

問題23 可燃物の燃焼の難易について、次のうち誤っているものはどれか。
(1) 熱伝導率の大きいものほど熱の伝わり方が速いので燃焼しやすい。
(2) 酸素と結合しやすいものほど燃焼しやすい。
(3) 可燃性のガスを多く発生するものほど燃焼しやすい。
(4) 温度が高いほど燃焼しやすい。
(5) 酸素の供給がさかんに行われるほど燃焼しやすい。

問題24 第4類危険物の火災に最も多く用いられる消火方法は、次のうちどれか。
(1) 空気との接触を遮断する方法。
(2) 冷却することにより、可燃性液体の温度を引火点未満に下げる方法。
(3) 可燃性液体から発生する可燃性蒸気を除去する方法。
(4) 燃焼熱を除去する方法。
(5) 可燃性液体を分解する方法。

問題25 消火理論について、次のうち誤っているものはどれか。
(1) 引火性液体の燃焼は、発生する蒸気の濃度を燃焼範囲の下限値より低くすれば継続しないから、燃焼中の液体の温度を引火点未満に冷却すれば消火できる。
(2) 消火するには、燃焼の3要素のうち、少なくとも2要素を取り去る必要がある。
(3) ハロゲン化物消火剤は、負触媒（抑制）作用による消火効果が大きい。
(4) 一般に、空気中の酸素が一定濃度以下になれば、燃焼は停止する。
(5) 泡消火剤は、いろいろな種類があるが、いずれも窒息効果がある。

第8回 本試験型テスト

危険物の性質並びにその火災予防及び消火の方法

問題26 第4類の危険物の貯蔵・取扱いについての説明で、次のうち誤っているものはどれか。
(1) 可燃性蒸気は、低所よりも高所に滞留するので高所の換気を十分に行う。
(2) 容器に液体が少量残っている場合でも、可燃性蒸気が発生するので注意しなければならない。
(3) 貯蔵中は、引火防止のため火花や裸火等の火気を避けること。
(4) 日光の直射を避け、冷所に貯蔵する。
(5) みだりに可燃性蒸気を発生させない。

問題27 第4類の危険物の危険性として、次のうち誤っているものはどれか。
(1) 発火点の低いものほど、発火の危険性が大きい。　　(2) 一般に静電気が蓄積されやすい。
(3) 沸点の低いものは、水で希釈すると引火点が下がる。
(4) 沸点の低いものは、引火爆発の危険性が大きい。　　(5) 引火点の低いものほど、危険性は大きい。

問題28 第4類の危険物について、次のA～Dのうち正しいものはいくつあるか。
A すべて蒸気比重（空気＝1）は1より小さい。
B すべて酸素を含有している化合物である。
C すべて常温（20℃）以上に温めると水溶性となる。
D すべて可燃物であり、引火性の液体である。
(1) なし　　(2) 1つ　　(3) 2つ　　(4) 3つ　　(5) 4つ

問題29 次の危険物のうち、燃焼範囲が最も狭いものはどれか。
(1) 二硫化炭素　　(2) ガソリン　　(3) 灯油　　(4) ベンゼン　　(5) メチルアルコール

問題30 酸化プロピレンの性状を説明したものとして、次のうち誤っているものはどれか。
(1) 沸点はかなり低く、夏季には気温が沸点より高くなる恐れがある。
(2) 無色の液体である。
(3) 引火点がかなり低く、冬季でも引火しやすい。
(4) 燃焼範囲が広く、その下限値が低い。
(5) 水にはまったく溶けない液体である。

問題31 自動車ガソリンについての説明で、適当でないものはどれか。
(1) オレンジ系の色に着色されている。
(2) 灯油と混合して灯油ストーブで使用すると、火力が強まる。
(3) 蒸気比重は、1より大きい。
(4) 電気の不良導体であるから、流体摩擦等で静電気が発生する。
(5) 水より軽く、水に溶けない。

問題32 ベンゼンとトルエンについて、次のうち誤っているものはどれか。
(1) 1気圧・温度0℃ではともに液体である。　　(2) 液比重は、ともに1より小さい。
(3) 引火点は、ベンゼンのほうが低い。　　(4) 蒸気比重は、ともに空気より大きい。
(5) 水には溶けないが、アルコールなどにはよく溶ける。

問題33 第4石油類について、次のうち誤っているものはどれか。
(1) 粉末消火剤の放射による消火は有効である。
(2) 潤滑油、切削油の中に該当するものが多く見られる。
(3) 引火点は、第1石油類より低い。
(4) 常温（20℃）では蒸発しにくい。
(5) 一般に水より軽い。

問題34 ガソリンと灯油について、次のうち誤っているものはどれか。
(1) 比重は灯油よりガソリンのほうが低い。
(2) ガソリンの蒸気は空気より3～4倍重い。
(3) 自動車ガソリンは灯油や軽油と識別するために、オレンジ色に着色してある。
(4) 燃焼範囲の上限界は、ガソリンより灯油のほうが高い。
(5) ガソリンの引火点は－40℃、灯油の引火点は40℃である。

問題35 重油の貯蔵タンクの火災は、燃焼して液温が高くなると消火が困難であるといわれているが、その理由として次のうち正しいものはどれか。
(1) 重油の体積が膨張することによって燃焼範囲が広くなり、窒息消火がしにくくなるため。
(2) 重油中の硫黄が酸化され、着火しやすい二硫化炭素をつくるため。
(3) 貯蔵タンクが酸化され、着火しやすい二硫化炭素をつくるため。
(4) 重油の粘度が上がり、蒸気が拡散しにくくなるため。
(5) 泡や水をかけると水分が沸騰・蒸発して、重油がタンクから飛散・溢流することがあるため。

第8回 本試験型テスト 解答と解説

問題1 (4) 法別表備考の第14号に規定されている。

問題2 (3) 指定数量の倍数計算の基本は、**貯蔵量÷指定数量**である。2種類以上の異なる危険物を同一の場所で貯蔵する場合は、この合計の数値が倍数になる。

問題3 (5) アルコール類は取り扱うことができない。

問題4 (3) (1)承認→認可。(2)許可→認可。(4)許可→認可。(5)このような規定はない。「許可」、「承認」ではなく、「認可」であることに注意。

問題5 (4) (4)は消防法第3条（危険物）の規定はない。ただし、航空機、船舶への「給油等を行う場合」は、消防法の適用を受ける。(1)指定数量以上の危険物の貯蔵、取扱いには許可または承認が必要である。

問題6 (4) 2m未満→6m未満。

問題7 (3) 危政令第15条第1項第3号により、「移動貯蔵タンクは、容量30,000L以下とし、かつその内部に4,000L以下ごとに完全な間仕切を厚さ3.2mm以上の鋼板またはこれと同等以上の機械的性質を有する材料で設けること」と規定されている。

問題8 (5) 赤色＝レギュラーガソリン、青色＝灯油、緑色＝軽油。

問題9 (1) 専用タンク以外に、容量10,000L以下の廃油タンクを設けることができる。さらに防火地域、準防火地域以外の地域では、簡易タンク（600L）を3基まで設置できる。簡易タンク貯蔵所と混同しないように注意。

問題10 (4) 屋内タンク貯蔵所は、建築物およびタンクによる二重の規制がなされているため、保有空地を必要としない。

問題11 (5) 屋内給油取扱所の上部に上階がない場合は、屋根を不燃材料で造ることができる。

問題12 (4) 海中や水中への流出、投下は禁じられている。焼却する場合は、安全な場所で他に危害を及ぼさない方法で行い、必ず見張人をつける。

問題13 (4) (1)丙種危険物取扱者の同乗は不可。(2)完成検査済証は車に備え付ける。(3)標識は常時表示する。(5)応急措置を講じ、消防機関等に通報する。移動貯蔵タンクから他のタンクに引火点40℃未満の危険物を注入するときは、エンジンを停止しなければならない。ベンゼンは、引火点－10℃である。

問題14 (3) 同乗は義務付けられていない。移動タンク貯蔵所の場合は、危険物取扱者の乗車と免許の携帯が義務付けられているが、運搬車両の場合は、そのような定めはない。

問題15 (5) 危険物施設保安員→危険物保安監督者の氏名または職名を掲示板に表示しなければならない。

問題16 (2) 氷は水に浮く。この現象は氷の比重が水の比重より小さいことを示している。よって体積が増せば、比重は小さくなる。

問題17 (5) (1)灯油の沸点は145～270℃。その他沸点100℃以上の可燃性液体は多数ある。(2)、(4)沸点は加圧すると高くなり、減圧すると低くなる。(3)沸点は100℃以上になる。

問題18 (3) (1)物理変化（蒸発）。(2)物理変化（昇華）。(3)炭素の不完全燃焼で酸素による酸化。(4)黄リン→赤リンの変化は結晶形の変化で、酸化反応ではない。(5)硝酸の希釈は酸化反応ではない。

問題19 (3) 題意からアルカリ性を示す7～14の範囲で、かつ中性7.0に最も近いのは、pH＝7.1。

問題20 (1) このような問題の解き方として、最もわかりやすい空欄をまず2か所埋めてしまうのがよい。AとCが伝導であることが理解できれば、答えはすぐに(1)と決まる。

問題21 (1) 湿度を高く保つ。おおよそ、室内の湿度を75％程度に保つとよいとされている。

問題22 (2) 同温・同圧のもとでは、気体の体積は分子の数のみに比例して変化する。物質1モルが占める体積は、すべての気体で同じになる。

問題23 (1) 燃焼の難易は、燃焼の3要素・4要素を考えれば、おのずと解答が導き出されてくるはずである。

問題24 (1) 第4類危険物の消火原則は**窒息消火**。

問題25 (2) (1)引火点未満の温度に冷却すれば、蒸気濃度が燃焼下限値を外れるため消火できる。(2)消火の原理は、「燃焼の3要素」のうち、いずれか1つの要素を除去することにある。(4)空気中の酸素が薄くなって、自然に鎮火する限界を**限界酸素濃度**という。

問題26 (1) 可燃性蒸気は低所に滞留する。蒸気比重が1より大きいので、低所に滞留する傾向が大きい。

問題27 (3) 希釈は、引火点を下げるものではない。

問題28 (2) A→蒸気比重≧1。B→第1～第4石油類の中の無酸素物品は9つ。C→すべて水溶性は誤り。第4類危険物は、すべて引火性液体であり可燃物である。正しいのは、Dのみ。

問題29 (3) 二硫化炭素＝1.3～50.0%、ガソリン＝1.4～7.6%、灯油＝1.1～6.0%、ベンゼン＝1.2～7.8%、メチルアルコール＝6.0～36.0%

問題30 (5) 水によく溶ける。酸化プロピレンは、別名プロピレンオキサイド。比重0.83、沸点35℃、引火点－37℃、発火点449℃、燃焼範囲2.8～37%、蒸気比重2.0。無色透明。エーテル臭のある液体で、水・アルコール・ジエチルエーテルによく溶ける。

問題31 (2) (2)極めて危険である。ガソリンの特性は次のとおり。・有機化合物の混合物。・比重0.65～0.75。・沸点40～220℃。・発火点300℃。・引火点－40℃以下。・燃焼範囲1.4～7.6%。・蒸気比重3～4。・無色、特異臭の液体で、水に溶けない。・揮発しやすい。・ゴム、油脂等を溶かす。・電気の不良導体で静電気の発生危険がある。・自動車ガソリンはオレンジ色に着色されている。

問題32 (1) トルエンは液体だが、ベンゼンは0℃以下では固体。

問題33 (3) 第1石油類の引火点は約－40℃～20℃。第4石油類は約170℃～310℃。

問題34 (4) 燃焼範囲の上限界はガソリン＝7.6%、灯油＝6.0%。したがって、ガソリンのほうが高い。

問題35 (5) 重油は燃焼温度が高い。このため、水や泡などの消火液をかけても、重油の熱でみな沸騰してしまう。消火の勢いで、これらの沸騰した消火液や重油が飛散し、極めて危険である。

解答用紙

第1回

	危険物に関する法令	基礎的な物理学及び基礎的な化学	危険物の性質並びにその火災予防及び消火の方法
	問1 問2 問3 問4 問5 問6 問7 問8 問9 問10 問11 問12 問13 問14 問15	問16 問17 問18 問19 問20 問21 問22 問23 問24 問25	問26 問27 問28 問29 問30 問31 問32 問33 問34 問35

(マークシート: 各問につき選択肢 1〜5)

第2回

	危険物に関する法令	基礎的な物理学及び基礎的な化学	危険物の性質並びにその火災予防及び消火の方法
	問1〜問15	問16〜問25	問26〜問35

(マークシート: 各問につき選択肢 1〜5)

第3回

	危険物に関する法令	基礎的な物理学及び基礎的な化学	危険物の性質並びにその火災予防及び消火の方法
	問1〜問15	問16〜問25	問26〜問35

(マークシート: 各問につき選択肢 1〜5)

第4回

	危険物に関する法令	基礎的な物理学及び基礎的な化学	危険物の性質並びにその火災予防及び消火の方法
	問1〜問15	問16〜問25	問26〜問35

(マークシート: 各問につき選択肢 1〜5)

解答用紙

第1回

	危険物に関する法令	基礎的な物理学及び基礎的な化学	危険物の性質並びにその火災予防及び消火の方法
問	1 2 3 4 5 6 7 8 9 10 11 12 13 14 15	16 17 18 19 20 21 22 23 24 25	26 27 28 29 30 31 32 33 34 35

各問につき選択肢 1〜5 のマークシート欄。

第2回

	危険物に関する法令	基礎的な物理学及び基礎的な化学	危険物の性質並びにその火災予防及び消火の方法
問	1 2 3 4 5 6 7 8 9 10 11 12 13 14 15	16 17 18 19 20 21 22 23 24 25	26 27 28 29 30 31 32 33 34 35

各問につき選択肢 1〜5 のマークシート欄。

第3回

	危険物に関する法令	基礎的な物理学及び基礎的な化学	危険物の性質並びにその火災予防及び消火の方法
問	1 2 3 4 5 6 7 8 9 10 11 12 13 14 15	16 17 18 19 20 21 22 23 24 25	26 27 28 29 30 31 32 33 34 35

各問につき選択肢 1〜5 のマークシート欄。

第4回

	危険物に関する法令	基礎的な物理学及び基礎的な化学	危険物の性質並びにその火災予防及び消火の方法
問	1 2 3 4 5 6 7 8 9 10 11 12 13 14 15	16 17 18 19 20 21 22 23 24 25	26 27 28 29 30 31 32 33 34 35

各問につき選択肢 1〜5 のマークシート欄。

第　回	危険物に関する法令															基礎的な物理学及び基礎的な化学										危険物の性質並びにその火災予防及び消火の方法									
	問1	問2	問3	問4	問5	問6	問7	問8	問9	問10	問11	問12	問13	問14	問15	問16	問17	問18	問19	問20	問21	問22	問23	問24	問25	問26	問27	問28	問29	問30	問31	問32	問33	問34	問35
	1	1	1	1	1	1	1	1	1	1	1	1	1	1	1	1	1	1	1	1	1	1	1	1	1	1	1	1	1	1	1	1	1	1	1
	2	2	2	2	2	2	2	2	2	2	2	2	2	2	2	2	2	2	2	2	2	2	2	2	2	2	2	2	2	2	2	2	2	2	2
	3	3	3	3	3	3	3	3	3	3	3	3	3	3	3	3	3	3	3	3	3	3	3	3	3	3	3	3	3	3	3	3	3	3	3
	4	4	4	4	4	4	4	4	4	4	4	4	4	4	4	4	4	4	4	4	4	4	4	4	4	4	4	4	4	4	4	4	4	4	4
	5	5	5	5	5	5	5	5	5	5	5	5	5	5	5	5	5	5	5	5	5	5	5	5	5	5	5	5	5	5	5	5	5	5	5

第　回	危険物に関する法令															基礎的な物理学及び基礎的な化学										危険物の性質並びにその火災予防及び消火の方法									
	問1	問2	問3	問4	問5	問6	問7	問8	問9	問10	問11	問12	問13	問14	問15	問16	問17	問18	問19	問20	問21	問22	問23	問24	問25	問26	問27	問28	問29	問30	問31	問32	問33	問34	問35
	1	1	1	1	1	1	1	1	1	1	1	1	1	1	1	1	1	1	1	1	1	1	1	1	1	1	1	1	1	1	1	1	1	1	1
	2	2	2	2	2	2	2	2	2	2	2	2	2	2	2	2	2	2	2	2	2	2	2	2	2	2	2	2	2	2	2	2	2	2	2
	3	3	3	3	3	3	3	3	3	3	3	3	3	3	3	3	3	3	3	3	3	3	3	3	3	3	3	3	3	3	3	3	3	3	3
	4	4	4	4	4	4	4	4	4	4	4	4	4	4	4	4	4	4	4	4	4	4	4	4	4	4	4	4	4	4	4	4	4	4	4
	5	5	5	5	5	5	5	5	5	5	5	5	5	5	5	5	5	5	5	5	5	5	5	5	5	5	5	5	5	5	5	5	5	5	5

第　回	危険物に関する法令															基礎的な物理学及び基礎的な化学										危険物の性質並びにその火災予防及び消火の方法									
	問1	問2	問3	問4	問5	問6	問7	問8	問9	問10	問11	問12	問13	問14	問15	問16	問17	問18	問19	問20	問21	問22	問23	問24	問25	問26	問27	問28	問29	問30	問31	問32	問33	問34	問35
	1	1	1	1	1	1	1	1	1	1	1	1	1	1	1	1	1	1	1	1	1	1	1	1	1	1	1	1	1	1	1	1	1	1	1
	2	2	2	2	2	2	2	2	2	2	2	2	2	2	2	2	2	2	2	2	2	2	2	2	2	2	2	2	2	2	2	2	2	2	2
	3	3	3	3	3	3	3	3	3	3	3	3	3	3	3	3	3	3	3	3	3	3	3	3	3	3	3	3	3	3	3	3	3	3	3
	4	4	4	4	4	4	4	4	4	4	4	4	4	4	4	4	4	4	4	4	4	4	4	4	4	4	4	4	4	4	4	4	4	4	4
	5	5	5	5	5	5	5	5	5	5	5	5	5	5	5	5	5	5	5	5	5	5	5	5	5	5	5	5	5	5	5	5	5	5	5

第　回	危険物に関する法令															基礎的な物理学及び基礎的な化学										危険物の性質並びにその火災予防及び消火の方法									
	問1	問2	問3	問4	問5	問6	問7	問8	問9	問10	問11	問12	問13	問14	問15	問16	問17	問18	問19	問20	問21	問22	問23	問24	問25	問26	問27	問28	問29	問30	問31	問32	問33	問34	問35
	1	1	1	1	1	1	1	1	1	1	1	1	1	1	1	1	1	1	1	1	1	1	1	1	1	1	1	1	1	1	1	1	1	1	1
	2	2	2	2	2	2	2	2	2	2	2	2	2	2	2	2	2	2	2	2	2	2	2	2	2	2	2	2	2	2	2	2	2	2	2
	3	3	3	3	3	3	3	3	3	3	3	3	3	3	3	3	3	3	3	3	3	3	3	3	3	3	3	3	3	3	3	3	3	3	3
	4	4	4	4	4	4	4	4	4	4	4	4	4	4	4	4	4	4	4	4	4	4	4	4	4	4	4	4	4	4	4	4	4	4	4
	5	5	5	5	5	5	5	5	5	5	5	5	5	5	5	5	5	5	5	5	5	5	5	5	5	5	5	5	5	5	5	5	5	5	5